法学的社会学启蒙

泮伟江 著

图书在版编目（CIP）数据

法学的社会学启蒙 / 泮伟江著. —北京：商务印书馆，2019
ISBN 978-7-100-17869-3

Ⅰ. ①法… Ⅱ. ①泮… Ⅲ. ①法学—中国—文集 Ⅳ. ① D920.0-53

中国版本图书馆 CIP 数据核字（2019）第 209060 号

权利保留，侵权必究。

法学的社会学启蒙

泮伟江 著

商 务 印 书 馆 出 版
（北京王府井大街36号 邮政编码 100710）
商 务 印 书 馆 发 行
上海雅昌艺术印刷有限公司印刷
ISBN 978-7-100-17869-3

2019年9月第1版	开本 787×1092 1/32
2019年9月第1次印刷	印张 10½

定价：56.00 元

内在于我们的陌生人

周林刚

一

收在这个集子里的作品,有些应该是应景之作,有些则还不够精致——或者说,有些篇什仍然保留了它们产生时偶然和临时的特征。不过,即便如此,伟江仍然给出了诸多有趣的观察。就晚近20多年来法学的状况而言,这些观察甚至可以说是我们同辈法律学人中所给出的最为出色的观察之一。

这些观察为我们呈现出了与中国社会的理论语境有关的一个重要特征。以形式正义和实质正义的争执为例(参见《部门法研究对中国法理学的可贵贡献》),伟江有限度地指出,对实质正义的追求,作为一种批判性的主张,需以事实上存在着形式正义作为前提,但这个前提是否存在,却是可疑的。可以说,我们理论言说的对象,是以假想的前提为前提的。这种虚构——我甚至想说它是浪漫主义的幻想——曾经激发和支撑了大量的理论热情,以为那就是本土的资源。秋菊们未必不真实,但她们被普遍化为理论命题,却需要以现代法律系统的有效运行为前提,而这个前提却遭遇大面积"有法不依"现象的质疑,以至于人们干脆怀疑"书本上的法律"在现实中根本不是那么回事。那么,"秋菊论"和所谓的"活法论",作为具有总体意义的理论命题,总归有一个是虚假的。不过,也有可能它们都是虚假的。它们也许都没有表达出我们关于法律最基本的生存经验。

对于这种基本生存经验的表述,似乎存在特殊的困难。因为所有的表述,不仅涉及经验本身,还涉及解释,甚至经验自身就已经是解释了。例如,对于法律失效现象,人们或许会倾向于认为那是权威缺位或权威不足导致的(参见《求解中国法治的李约瑟难题》)。伟江却指出,问题并非有无权威,而在于权威自身的类型特征。这类解释上的对立未必需要非此即彼的选择。如果我们考虑到权威的量与质并非同一回事,那么对立的两个立场就都能够得到理解。权威在量上的集中,不等于有效的一体的贯彻力。又比如,法学家们依据自身对司法现状的认识,容易倾向于把问题归结为法官对法律方法的知识欠缺,但伟江却指出,问题主要不在于这种知识欠缺,而在于司法自身的结构(参见《判例研习很重要,但更重要的是……》)。因为司法自身的结构才是产出特定司法知识的母体。再比如,当中国的法律人类学能够给出自己的系统性反思时,伟江却说它已经晚了(参见《迟来的理论馈赠》)。法律人类学应该是描述最切身的生存经验的学问,但是它依托的经验在伟江看来却有种"过去式"的意味。在这种种考虑当中,最令我印象深刻的,是伟江表达的一个遗憾。他在一篇书评中指出,作者敏锐地发现了"司法权"那种怪异而特殊的双重性质,但我们的理论界在这个问题上却没有任何进一步的创获(参见《欣慰和遗憾》)。在某种程度上,需要破除简单的中央/地方模式,才能进一步发掘出司法权的这种双重性质蕴含的理论意义;而只有发掘出司法权双重属性的理论意义,才能更恰当地描绘我们的基本法律经验。超越"地方"或"基层"的,也许未必是高高在上的"中央"。

我的理解是,在伟江看来,与法律有关的基本生存经验,涉及我们遇到法律问题时的一种常见反应,那就是"找人""找关系"。也就是说,我们的经验受到熟人互动模式的塑造。我们对于远方陌生人的构想,也是以此为前提的。我们把社会理解为自我的扩大,就像《乡土中国》论说中的"差序格局"一样。在这个模式中,普遍主义的法律似乎被归入了最抽象的价值序列,成为各个行动者诸多考虑因素中极为不确定的一个。这个"水波"模式,实际上构成了我们既有法律社会学知识的知识论前提,成了以被不恰当理解的"基层司法"或"地方性知识"

来批判现代法治的前提。在这个框架之下,学校课堂上传授的现代法律知识,确实成了大而无当的"幼稚"产品。然而,当各类权力都镶嵌在这个框架之中,与之互为因果时,法律的正义就成了偶然之事。当法律的正义成了偶然,它也就不再是预期可得的事情了。

在我看来,我们的基本法律经验包含着某种重大的矛盾。我们习以为常的熟人社区互动经验,往往要求法律成为某种无可奈何的最后手段(这一点无疑是合情合理的);但这种最后的手段要在无可奈何的情形下预期可得,又需要以法律独立于我们社区性质的人际互动、独立于与此种社区互动模式共生的政治与社会权力作为前提;但当我们把熟人互动经验普遍化为全社会的整合模式时,法律也就不可能有这种"超然"性质,从而也就没法成为预期可得的最后手段。最终,法律手段确实会变成无可奈何的选择,但在很多情形中,由于不能达到预期的结果,它们也就不会是最终手段。这个基本矛盾涉及对法律功能的理解。熟人互动模式把法律作为纠纷解决的手段之一,可以说,这种模式天生就偏爱"综合治理"。伟江在这个问题上的一个重要贡献,就是把纠纷解决与法律发现区别开来,从而制造了对我们的基本生存经验及其内部矛盾进行恰当描述的理论工具。现代法律的功能主要不是纠纷解决。他认为,把法律的功能理解为纠纷的解决,是法学理论的一大知识谬误。当我们的法律体制以此为前提来设置,从而把纠纷解决内嵌于各个司法层次,甚至试图以此建构一种中国特色的模式时(例如曾经作为理论目标、后来也作为制度目标得到倡导的大调解模式),就会以系统的方式扭曲法律系统的运作。伟江对基层"司法"与司法的区分同样反映了他对这个要点的理解(例如参见《英格兰基层司法与韦伯的普通法问题》)。他笔下的基层"司法",就是实现纠纷解决功能的机制,与之相对的司法则是为了实现社会的预期稳定。他用这个基层"司法"与司法的区分,批判了在法律的社会科学研究中颇为流行的"基层司法"论调。与此同时,这个区分也意味着,无论从哪个方向出发——从所谓的基层"司法"出发,或者从最高层级的司法出发,单一的普遍化构想,都是有问题的。

二

从伟江有关法学的这些观察中,可以得到这样一个结论:今天,我们应该认识到,"法学幼稚论"自身就是幼稚的。现代法律和法学,在熟人互动社会,恐怕总会遭遇"幼稚"之讥。不过,从我个人的体会来讲,即使是在传统的模式中,中国的法律与文学研究以及法律社会学研究,也几乎很少触及真正的基本生存经验。其原因,可能是因为这种经验没有新意,也可能是因为研究者们其实是伪诗人。反倒是社会学界自身,还保持着常识和实践感。当然,重要的是伟江认为,这个作为知识论前提的模式已经发生了变化。他在本书第三部分花了相当的篇幅,以"大规模陌生人社会"为中心论题,探讨了这一变化的含义。作为对比,我们可以说,在传统的差序格局中,熟人社区才是社会,陌生人则作为异类处在社区/社会的边缘甚或外部;而一个大规模陌生人社会,或者说系统分化的现代社会,熟人社区则是点缀在陌生人社会海洋中的岛屿。在前者,熟人社区似乎自我构成;在后者,熟人社区以陌生人社会为前提才得以构成和维系。在前者,熟人社区是透明的,陌生人则是神秘的;在后者,反过来,陌生人关系是透明的,熟人社区反而是神秘的。

在某种程度上,"转型时期"似乎可以界定为处在上述两个模式之间的过渡时期。于是,这个时期的状态就应该是新旧杂陈的,是"时间的丛集",也是不平衡的"空间的丛集"。然而,一旦这样看问题,就会遭遇一些可想而知的挑战:在偶然性剧增的过渡期,何种知识是有效的?为什么要这样转型?是何种强制力量驱动着这种转型?为什么不应该抵抗?伟江用他所观察到的诸多经验证据,来解释这个陌生人社会,并把它当作某种不得不承认的"事实",当作我们谈论法治化问题的"基本语境"(参见《超大规模陌生人社会治理》)。问题是,对于反对者来说,这类社会的治理,完全可以用一套"综合治理"体制来应付。随着信息处理能力的提高,这类维稳型体制的可操作性也许提高了。也就是说,法治化很可能只是治理的方式之一。

但是,假如我们把熟人互动模式和陌生人社会的对比,放在有关法律的基本生存经验这个论题当中来看,那么,向陌生人社会的转型,就不能被单纯地理解为熟人社会向陌生人社会的"转变"。这首先是因为,所谓的陌生人社会并不消灭或者压制熟人社区,它消除的只是把差序格局普遍化为全社会的组织原理这种惯常的做法。就此而言,它"缩小"了熟人世界的规模(这就是我特别重视伟江对基层"司法"与司法,以及对纠纷解决与预期稳定所作区分的原因)。不过也因为如此,它倒是把熟人社区生活还原到了本来面目:熟人社区在规模上本来就不可能是大规模或超大规模的。这样,陌生人社会模式不是熟人社区模式的对立面,相反,它使得熟人社区以它本身所是和所能的方式存在(熟人社区模式超出有限规模而扩大为全社会的组织原理,这种做法有着鲜明的意识形态特征。我们的规模一直很大,传统社会的社会整合,确实很大程度上是通过这种意识形态机制和抽象的价值层次来实现的。当然,这个问题牵涉复杂。但我还是想顺带一提的是,本尼迪克特的"想象的共同体"说,多多少少触及了一些要害。系统论看待问题的方式,将会同意识形态形成冲突和竞争的关系,而意识形态内在于那种把亲密关系扩大适用的需求和机制之中)。

其次,更进一步的理由在于,系统分化或法治化的陌生人社会,将是熟人社区生活的某种"实现"。用伟江的说法就是,"如今,很难想象,任何熟人之间的当面互动与沟通,不需要以预设一个更大范围的、抽象而普遍的大参考框架为基础与背景"。如果我对有关法律的基本生存经验中那个基本矛盾的理解是有道理的,那就只有法治化的陌生人社会,才能解开那个矛盾。如果一个人在无可奈何的情形下撕破脸皮,置社区生活中有形无形的压力不顾而去诉诸法律,那么他也就是在决定与社区中曾经的熟人拉开距离,从而以陌生人的方式相互对待。从前以亲密关系或各种"综合考虑"稀释或掩饰的矛盾,现在被暴露出来。而他要诉诸法律手段,则只有这种法律手段是客观在手、能够预期可得时,他才能得到满足。这个他最终不得不拿起的法律武器需要具有客观的品质,也就是说,他以及他的对手都不能任意操纵。关系的陌生人化同法律的客观化,就这样具有了本质的联系:这件客观的法律武器只能被保存在一种超离于社区互动权力网络的陌生人机制中。

伟江对"陌生人"概念作了一个具有启发意义的思想史分析(尽管主要限制在社会学学术史的脉络之中,参见《谁是陌生人?》)。他特别提示了从"陌生人"概念向"陌生人社会"概念转移的意义:"陌生人社会的关键含义并不是由大量陌生人共同生活组成的社会,而是整个社会中,用以为个体生活提供参照的基础性框架,是以陌生人为典型形象而构造出来的。"我觉得这一点非常重要。因为作为理论对象的"陌生人",完全可以是日常意义上的"熟人"。反过来,我们对陌生人社会中的陌生人也完全可能无比熟悉。在这种社会中,"人们往往对陌生人更了解,而对熟人更陌生"。这是一个具有丰富潜力的理论对象,涉及知识论、伦理学、社会学、法学、政治学等一系列根本性的论题。一个正义的社会,可能在本质上就是一个陌生人社会。所谓的陌生人关系,可能就是人类事务或人际关系的纯净形式。陌生人社会不是远离我所生活的社区,或在我的社区之外的社会。它也许无非是内在于我们社区关系和人格系统的要素的外在化和客观化,或者也可以说是结晶化。社区互动或人格同一性,只是试图把各个纯粹关系统合为一的无休止运动。在这种统合运动中,最脆弱的将是那些人为的文明要素,比如道德、正义/法律。它们作为互动背后潜在的选项,与暴力的地位十分不同。因为,它们的潜在性,意味着它们被日常关系牺牲掉的机会；而暴力的潜在性却相反，意味着它的最终决定性地位。

陌生人关系可能是我们一切人际关系中固有的可能性和条件。布朗肖甚至把友谊都界定为陌生人关系："我们必须以一种陌生人的关系迎接他们，他们也以这种关系迎接我们，我们之间形同路人"；"存在于我和那个称为朋友的人之间的这种距离，一种纯净的距离，衡量着我们之间的关系，这种阻隔让我永远不会有权利去利用他，或者说利用我对他的认识（即便是去赞扬他）"。无疑，在这里起到决定作用的，正是陌生人关系作为人际关系"纯净形式"的特征。

三

我把伟江的两个主要理论创见分别概括为基本的法律生存经验命题和陌生人社会命题。这些创见部分来自伟江长期广泛的学习和观察，部分则可能来自卢曼系论社会学的启发。我一直很好奇，系统论何以对他有如此的吸引力。我的印象是，这一理论在伟江那里，并不只是对某些西方典型社会模式的描述；相反，它具有真正的普遍性。而它之所以有普遍性，不在于它能够预测这个世界的演化规律——其实，哪怕它预测到了某个演化方向（就像图依布纳认为的那样），也只是偶然的优点。它的普遍性来自它全新的分析工具。或许,每一位初读卢曼的读者,在读到他有关社会构成基本单位的见解时,都会有"脑洞大开"的感觉。伟江在第二部分对卢曼的介绍中,也专以此为例作了说明。问题是,当卢曼说社会是由"沟通"而非"人"构成的时候,妙处何在?他同之前形形色色的社会理论(比如我们熟知的马克思主义)和哲学思潮(比如结构主义),究竟有什么不同?我的猜测是,卢曼不仅是用一个"不同的"元素取代了传统元素。重要的是,他用来取代"人"的新元素,毫无疑问比"人"更小、更纯粹、更基本。这个发现,就好比物理学领域发现了新的最小粒子。"沟通"就是社会的"单子"。与一个沟通比起来,一个人实在太庞大、太复杂了。正是由于系统理论找到了世界的"单子",它才有可能成为普遍的理论:基本元素越小,"分辨率"就越高,就越能够真切地描绘复杂的对象。也许系统论的这个特点,能够解释它的吸引力?

我不确定。严格来讲,这样的问题只能通过直接阅读和研究系统论来解答。不过,卢曼系统理论的这个特点,或许能够解释它对伟江作为一个法理学者的吸引力。受到卢曼理论的鼓舞,伟江把法理学的任务理解为一种双重的工作:既形成对法律的整体认识,又能将这种整体认识"翻译"给非法律专业的学者。他提到哈特"描述社会学"的失败之处,就在于不能如其所是地呈现法律系统的特征。相反,卢曼的社会学也许是既有的社会学中,唯一能够如其所是地对待法律系统的知识体系。至少对伟江来说,这种社会学与作为狭义法学的知识类别,特别是现在流行的教义学这个门类,完全是相容的。但是,作为一名人文主义的读者,我仍然对系统论的科学特征抱有狐疑。这使我特别留意到伟江这个集子所呈现的一个特点。伟江把这个集子分作三个部分,分别涉及对法学的观察、对观察工具的观察、对社会的观察。这个划分方法有简明的优点,虽然文章的非计划性决定了它们很难完全服从一种事后的切割。然而,这个三分法还是遮蔽了这些文章的探索性质。它们不只是有关三个不同论题的探讨,而更应该被理解为两个不同甚至对立的知识传统的并立。它们的探索性质,在最基本的层次上,在于对人文主义传统与超人文主义传统并存可能性的意识/无意识。伟江对西塞罗的评论(参见《西塞罗的肤浅与深刻》)在我看来,优点不在于机智,而在于他简要地表现了两个不可通约的界面,它们非常类似于系统理论对一阶观察和二阶观察的区分。类似地,在这个充满卢曼和社会学意味的集子中,我们也能感受到强烈的人文主义气息。他以典型的人文主义口吻说:"过一种正义的生活乃是人类最深的本性。"

质疑者会认为,这是理论上不彻底的表现。就此而言,所谓的探索性质,就成了不彻底性。但彻底或不彻底的评价,显然以人文主义和超人文主义两者不能并存这样的认识为前提,而这个前提就已经假定评判者自己有了确实的答案。如果已经有了答案,那就没有探索了,剩下的只是教义解答。我则更愿意把这个集子的"混合"性质,当作一个新的课题,把对这些探索文字的阅读,当作一次新的等待。

目录

自序:法学的自省　/001

上编　法学的自我反省

法学的社会学启蒙
　　——社会系统理论对法学的贡献　/021
社科法学的贡献与局限　/040
缺失"法学"的中国法制史研究
　　——评《清代的法律、社会与文化：
　　民法的表达与实践》　/049
求解中国法治的李约瑟难题
　　——评《转型中国的实践法律观：
　　法社会学论集》　/055
走向一种"希望"的法哲学
　　——评《中国法学向何处去》　/066
建构中国司法研究的场域　/081

迟来的理论馈赠
　　——评《法律与文化：
　　　　法律人类学研究与中国经验》 /090
部门法研究对中国法理学的可贵贡献
　　——兼谈如何理解中国法治困境 /097
判例研习很重要，但更重要的是…… /117
政治宪法学的可贵尝试与中国史学"论史"传统的
　　苏醒 /131
欣慰和遗憾 /138

中编　思想的自我启蒙

《大宪章》签订800年后，英国是否需要一部成文
　　宪法？ /149
过一种正义的生活乃是人类最深的本性
　　——柏拉图和他的教育理想国 /155
西塞罗的肤浅与深刻 /162
卢曼与他的现代社会观察 /169
西方社会学理论的一次最激进冒险远征 /182
自由也是有成本的
　　——评《权利的成本：为什么自由依赖于税》 /200
英格兰基层司法与韦伯的普通法问题 /205

美国法律学会:美国化的边沁主义法律改革
　　实验室　/213
如何理解现代西方?　/220

下编　社会的自我观察

超大规模陌生人社会治理
　　——中国社会法治化治理的基本语境　/229
如何理解中国的超大规模性?　/240
谁是陌生人?　/256
哀悼杨德昌先生　/274
哪一个中国,何种之问题?
　　——评《法制现代化进程中的人民信访》　/276
中国法治转型期的疑难案件　/284
从"彭水诗案"看民意沟通渠道　/291
新闻发言人制度:一个美丽的陷阱　/299

参考文献　/307
后记　/312

自序：法学的自省

一

本书收集的所有文章是我 27 岁到 40 岁之间，因各种机缘写作的篇幅比较短小，相对于学术论文而言，也更为自由随意的法学文章。这也是我考取博士生资格，正式接受学术纪律规训以来所经历的时间。对我个人而言，在此之前所经受的教育和训练，主要是通识教育性质的。而自此以后，我逐渐地学习成为一名专业的法理学研究者。这虽然是我个人的经历，但也仿佛是整个中国法学界最近十多年历史的缩影。法学核心期刊（CLSCI）制度刚好也诞生于这段时间，并且对整个法学研究的体制产生了深刻的影响。20 世纪 90 年代开始提倡的法学研究的规范化，至此已经变成了现实，甚至在教育部学科评估和高校绩效考核的驱动之下，有不断被异化的危险。而当年被无数法律学子所津津乐道的《法边馀墨》《新波斯人信札》《在法律的边缘》之类的活泼文字，如今反而被认为有点"不务正业"。如果说中国知识界的启蒙时代是

20世纪80年代的话,则法律人的启蒙时代应该是20世纪90年代。如今所发生的一切似乎都可以追溯到充满各种青春躁动的20世纪90年代。但我们又感觉到,如今所发生的这一切,以及隐含在这一切背后的那种精神和气质,离20世纪90年代的那种简单而乐观的启蒙精神,又何其之远。如今经常被广为传颂的是每年年底中国法学创新网公布的CLSCI高产作者的榜单。也许,对许多人来说,发表和上榜本身的意义已经远远超过了文章被严肃认真地阅读和批评所带来的意义。

在两种情形之间做出非此即彼的价值判断是不可能的,也是危险的。就学术思考的闪光点与含金量来说,这些曾经让我们流连忘返于书店的活泼文字,未必会比那些正襟危坐的学术文章要弱。但就中国法学研究传统的形成来说,光有这些杂文和随笔一定是远远不够的。真正的学术传承恐怕还得靠高质量的,充满学术洞见和论证力度的论文。但反过来说,也很难想象一个无趣的人会写出真正富有洞见和创造力的高质量论文。笔者生平最服膺的学者是德国社会学家卢曼,他被公认为是20世纪世界范围内最具有原创力和最深刻的一流思想家,而他的学术著作和论文也以晦涩与深奥著称。但笔者访问卢曼生前工作过的比勒菲尔德大学社会学系时,许多当年跟随卢曼读书的学生都说,卢曼本人在日常生活中非常幽默风趣,其课堂授课尤其深入浅出,妙语连珠。笔者阅读卢曼的访谈文字和一些短文,也有类似的感受。由此可见,学术的思考和表达,并非只有一种方式。如果严谨深刻、晦涩难懂的学术文章是学术思想表达的 A 面的话,那么也许生动活泼、有感而发、一挥而就的这些很难归类的文字,恰恰是学术思想表达的 B 面。

二

无论是相对比较体系化的作品,还是类似于本书中这些相对自由随意的文字,我发现自己最关心的问题,还是在转型中国的语境中思考法律与社会的关系问题。也许,这与我个人学术成长的经历相关。

我本科虽然有幸在中国政法大学读书,但专业并不是法学,而是在政治与管理学院读行政管理专业。中国政法大学政管学院的真正学术传统其实是政治学,当年北京政法学院刚成立时,就汇集了钱端升、楼邦彦、吴恩裕、龚祥瑞、曾炳钧、杜汝辑等一大批政治学的大家。"文革"结束,恢复高等教育之后,北京政法学院在 1983 年就拥有了政治学的硕士点,其中杜汝辑教授领导的政治学专业在当时可谓是人才济济。我所在的行政管理专业和工商管理专业主要是为了因应时代和市场需要而做的调整。虽然这两个专业录取的分数和就业情况都比政治学要好一点,但我们都知道政管学院最有学术底蕴和水准的还是政治学专业。我们也很幸运,在大一的时候,教授我们政治学原理的常保国老师就用一大堆西方政治学的经典著作"轰炸"我们。像霍布斯的《利维坦》和洛克的《政府论》,我们都是到那时候才知道的。常保国老师当时还很慷慨地把他的个人藏书拿出来,做了一个流动图书馆,供我们传阅。我就是那个时候读到了黄仁宇的《中国大历史》。另外,杨阳老师讲授的中国传统政治,以及陈洪太老师讲授的政府过程等课程,都激发了我们强烈的反响。政管学院的学术气氛非常自由,也鼓励我们广泛地阅读哲学、文学、法学等其他学科的书籍。所以我自己在这期间又读了很多哲学和社会学的著作。另外,学校强势学科毕竟还是法学,我虽然第一志愿就报了行政管理,但身边许多同学都是没有被法学专业录取后调剂到政管学院来的。所以,我们学院的学生还有集体跑到法律系、经济法系和国际经济法系旁听法学课程的风气。我也不能免俗,好多法学课程,我都旁听过好几轮。

　　回想自己的大学时代,我总是感到非常幸运。首先,能够走出小山村,来到北京读书,已经非常幸运,而在这层幸运之上,居然还能够来到中国政法大学读书,则是幸运之上的幸运。中国政法大学自由而活跃的学术思想氛围,以及在这里遇见的一大批良师益友,塑造了我人生的基本格局与视野。最后,尤其让我感到幸运的是,借此我有幸将法学研究作为毕生事业来追求。

在中国传统的知识体系中,并未有法学的位置。中国传统的律学虽然似乎可以与法学形成大致的对应关系,但究其实质,二者却是大异其趣。从法学的角度看来,法律并不仅仅是"规则",而且是围绕着个人的权利地位构造起来的一整套规则体系。举例来说,许多人都把法律当作纠纷解决的一个工具,从而将法律与居委会或村委会成员调解家庭矛盾和邻里纠纷的各种手段进行并列和比较,最后通过观察纠纷调解的"实效"来判断现代法律的优劣得失。殊不知,现代法律虽以纠纷解决为启动要件,但并非所有纠纷解决都与法律相关。在绝大多数情况下,只有在纠纷中所涉及的利益构成了法律意义的"权利",从而使得相关的利益损害达到了"权利侵害"的程度,才会涉及法律问题。所以,至少从演化的角度看,只有当纠纷解决超越了"安抚阿喀琉斯的愤怒"阶段,而涉及具有普遍化效应的权利问题时,才有法律出现的必要与可能性。

又比如说,无论是在中国传统的社会,还是在当代中国社会,很多被国人理解为法律的规则,其实不过是单纯的"行政秩序规范"而已。在现代法治传统中,哪怕是行政法规范,也必须是一种关涉"私人的法地位之损毁",以纠纷中的私人根据各自"私人法地位"而享有排除妨害请求权为核心建构起来的规范。普通的民商事法律规范，则更是如此。如果在此种"行政秩序规范"和"法规范"之间不能做明确的区分，那么法学，或者说法教义学，就无从谈起。因此，对于习惯于生活在"行政秩序规范"所构造的世界之中，并将它误解为法律世界的许多国人来说，要理解"何谓法学""何谓法治"的问题，确实是比较困难的。

此种困难尤其在于，如果我们追溯此种法学与法治的历史源头，我们发现并不存在"自古以来便是如此"的景象。无论中西，我们发现此种意义的法律乃是人类社会演化到相当晚近才实现的一项成就。在人类历史相当长的一段时期内，所谓的法律似乎都是王权的产物，因此似乎都可以被理解成"行政秩序规范"。如果说，中西的异质性导致在中国学习西学的困难，那么，法学的双重异质性，则导致在中国学习法学的双重困难。

恰恰是由于在中国理解"什么是法律"的问题足够困难，法学的门槛足够高，因此，有机会得以跨入法律之门径，窥见法学之堂奥，对我来说，真是一件太幸运的事情。如果我不曾在中国政法大学读书，可能永远都不会有这样宝贵的机会。我的双重幸运在于，最初我是在政治系读书，因此，相比于大多数法律人来说，我可能比他们更熟悉法学之外的知识世界。但我又在中国政法大学的政治系读书,所以我比大多数法学专业之外的人,更近水楼台先得月。因此,虽然我也从事法社会学的研究,但与多数本科时期便开始学习法律的同行相比,我的学术兴趣和问题意识,似乎要更复杂一些。多数本科阶段即学习法律的从事法社会学研究的同行,其学术兴趣似乎混杂着一种要冲出法律围城,呼吸法学之外新鲜自由之空气的冲动。而我则反其道而行之,一开始就处于法学与法学之外各学科的交接处,同时呼吸着两边的空气,见识着两边的风景。相对而言,除了强调法学的开放性之外,我更珍视法学的重要性。试想,当我们在阅读霍布斯、洛克、卢梭、孟德斯鸠、康德、黑格尔、梅因、韦伯、哈贝马斯与卢曼等人的西方政治学、历史学、社会学经典著作时,如果缺失法学的知识背景,那该是多大的缺陷和不足。同时,当我从法学之外进入法学研究领域时,我更多地会去思考,相对于经济学、政治学、社会学等其他方法论意识和学科规范比较明确的学科,法学学科的方法和学科特质究竟是什么?在知识增量方面,法学相对于经济学、政治学、社会学等学科的独特贡献在哪里?

三

本书收集的几乎所有文章,都是在不同处境下,围绕中国法律转型时期的种种事件所形成的思考。熟悉的朋友当然都知道，这几乎是我这十多年学术研究唯一不变的主题。也正是在这个意义下，我选择将"法学的社会学启蒙"作为本书的标题。这也是我第一篇发表在《读书》杂志的文章的标题。

在不同的语境下，这个思考沿着不同的方向展开。一方面，我试图去澄清，清末沈家本法律改革之后逐渐在中国成长起来的现代法律与现代法学究竟是什么。由于在中国传统的思想资源中，并无直接对应的概念和思想资源，因此，无论是普通中国人的日常生活经验，还是中国知识分子的智识经验，都缺乏合适的概念与理论的工具来处理和现代法律与法学打照面形成的经验与感受。对普通人来说，这也许就是"秋菊的困惑"。从民族的智识经验史来看，这就形成了长达一个多世纪的法学困惑史。即便博学如秦晖者，也会感叹除了法学，已几乎可以领略其他所有人文社会学科之美。甚至在法学院从事法学教育和法学研究的教授们，一旦具有了反思意识，往往都会倾向于怀疑自身职业的意义。

我试图去做的一个工作，就是试图在法学之外，用一般人文知识界能够听懂的语言来阐述"法律是什么""法学是一种什么样的学问"，以及"法律和法学对中国社会的转型和未来意味着什么"等几个问题。

在阐述这些问题时,前辈的法学研究者给了我很大的刺激和启发。对我来说,对感触颇深的师长们的作品进行评论,虽非有意争取的,但却是切入问题本身进行思考的宝贵时机。所以,一方面,我会对郑永流老师在法社会学与规范法理学之间穿梭的轨迹发出感叹,郑老师当年"安身立命,法学赖何"的锐气,令人印象何其深刻,当年看到那篇文章后,中国政法大学法律评论社的指导教师王涌直接将它作为那一年法律评论社的招新考题。另一方面,我又质疑郑老师选择"实践智慧"的概念来理解现代法律理性的做法可能不是很恰当。我既被邓正来先生指点中国法学向何处去的激情所感染,尤其为他对美国实用主义哲学出神入化的中国法理学运用而击节赞叹,同时也对他批评"法条主义"的不得要领而感到遗憾。同样地,我对黄宗智先生利用清朝司法档案进行实证分析所体现出来的大师水准感到折服,同时也就史学研究者对法学问题的隔阂提出尖锐的批评。如果仅仅将法治理解成某种"行政秩序规范"的落实,则中国传统社会的法治这个命题或许可以成立。但如果法律并不仅仅是"行政秩序规范",同时也是一种基于权利而塑造的规范秩序,那么显然,传统中国的法制,离现代法治的距离实在是太远了。

无论批评还是肯定,都是这十多年探索的足迹。对我来说，无论是前辈学者还是同辈学人，他们严肃认真的思考都触及了中国法律转型中遭遇的某些核心问题，但我又觉得似乎还可以在他们的基础上再说一些什么。幸运的是，这些被我评论甚至批评的师长，都对我充满了宽容，有些师长甚至给我的评论予以鼓励和肯定。比如说，我对郑永流老师的批评还是蛮严厉的，但郑老师看到我的评论后，还专门给我打了一个电话予以肯定和鼓励，同时也指出我在一些核心关键处仍然误解了他。邓正来先生对我从美国实用主义哲学的角度理解和批评他的思想也表示很欣赏，也专门给了我一些鼓励。杨昂兄当年不太同意我对黄宗智先生的批评，还曾经与我在法律博客有过很激烈的争论，但从此以后我们却成了特别能够互相欣赏的好友。

四

　　法学在整个中国人文社会科学知识界的此种异质性，使得法律人尤其是法学研究者总是不得不面对来自社会大众和其他人文社会科学研究者时不时投来的疑虑的眼光。甚至可以说，改革开放以来中国的法学，就是在此种他者的目光下成长起来的。例如，我们在学生时代就耳熟能详的"戴逸之问"，即所谓幼稚法学的评价，曾经给中国从事法学理论研究的人以很大的震动。在"戴逸之问"之外,影响更深远的也许是"费孝通之问",也就是费孝通先生在《乡土中国》中提出的问题,即随着新法制的推行和旧礼治秩序的解体,我们还未享受到新法制的好处,旧礼治秩序崩解后的坏处,倒先显现出来了。费孝通先生倒是对移植自西方社会的新法治秩序的好处了然于胸,他只是质疑,新法治秩序所需要的社会秩序结构还未涌现出来时,法律人如何作为?20世纪90年代,苏力先生重新激活了"费孝通之问",并以法律与文学的方式,通过对一部电影的分析,将它转化成了"秋菊的困惑"。"秋菊的困惑"隐含的理论命题,已经比费孝通更进一步。因为在此处,苏力质疑的不再是新法治秩序尚未到来的问题,而是质疑此种新旧秩序的二分法是否成立。如果文化是多元的,法律也是多元的,那么凭什么西欧和北美的地方性秩序的观念,得以可能被普遍化地推广到全世界,从而使得中西的关系变成一种普遍化秩序与地方性秩序的关系问题呢?为什么不可能是两种地方性秩序的多元主义关系呢?苏力的此种质疑,也激发了我对中国与世界关系的思考。本书中收集的几篇文章,就是这些思考在不同阶段和情境下各自的表达。

如果说《新波斯人信札》《法边馀墨》等流行于20世纪90年代的这些法学短论集的主题是中国社会的法学启蒙,那么,对于法学研究者来说,似乎也面临着法学的社会学启蒙的压力。中国社会的法学启蒙,为我们描绘了一幅法学理性驱散权力之任性与黑暗的美丽蓝图,不但激励了像我这样的20世纪90年代的法科学生们投身于中国社会的法治主义改造事业,同时也感染甚至感动了中国的一般知识阶层。法学,这个就业率一直很低的学科,自20世纪90年代以来,却一度成为大学中的显学,便是其中的一个例证。但在法学高歌猛进的年代,法学研究者似乎并没有驱散"异质性"的阴霾,以及普通人民群众日常生活中投来的狐疑的眼光。确实,在法治主义话语日益成为社会主流话语之前,由于"行政规范秩序"与"法治秩序"的界限模糊不清,"依法治国"与"依法治你"之间也是暗通款曲,又各自表述。在此种怀疑眼光的长期打量下,中国法学研究者的那种身份焦虑和不自在是不言自明,又难以言明的。

五

笔者就是在这样一种异样的眼光和氛围下,逐渐成长为比较专业的法学研究者。作为社会科学研究的"异类",一方面,我们的存在日益引起了其他社会科学同行的兴趣;另一方面,他们又时不时地对我们表示不解。真正让我感兴趣的是,自清末沈家本法律改革以来,现代法律和现代法学被引入中国,虽然自始至终都遭遇到了各种怀疑和批评,甚至一度整个学科都几乎灰飞烟灭,但野火烧不尽,春风吹又生,现代法律和法学似乎总是能够显示出强大的生命力。确实,无论是在学术眼光的审视下,还是在日常经验的感受中,当代中国法律体系的种种不尽如人意和不足,还是非常明显的。而法学教育和法学研究,离理想境界的距离也还是很遥远。但不可否认的是,当代中国法律体系似乎已经获得了某种相对自主的生命力,并以一种惊人的速度在生长,中国的法学研究也还是显示出了某种蓬勃的朝气,甚至引来了文史哲等传统学科羡慕的眼光。

笔者念兹在兹的这几个问题,都涉及如何理解法学的异质性,以及异质的法学在中国转型社会语境下的处境与命运的问题。正是在此种问题意识的刺激之下,也是在《读书》《财经》《大观》《法治周末》等报刊和朋友们的支持下,我结合当代中国正在发生的一些具体事件,就如何理解法律与社会,如何理解中国社会的超大规模性,什么是陌生人和陌生人社会,如何理解中国与世界的关系等问题,展开了相对比较自由,又比较持续的思考。就思想的资源而言,英格兰普通法的历史及其经验,韦伯和卢曼的法社会学,都给了我非常多的启发和帮助。尤其是卢曼的法社会学理论,为我提供了观察和思考中国语境之下法学本土化的基本工具和观察角度。我的一个基本的观察和判断是,随着中国社会演化的加速,改革开放40年以后的中国社会,与费孝通先生当年描述的那个中国社会,甚至与秋菊打官司所处的那个中国社会相比,已然发生了许多实质而又深刻的变化。中国社会已然进入了一个超大规模的陌生人社会治理的新时代。我们思考中国的法律和法学的本土化,也必须在这个新的超大规模陌生人社会的基本语境之中进行,并且需要概念、方法、理论和实践的各种创新和突破。本书中"思想的自我启蒙"和"社会的自我观察",就是这些思考所留下的一些痕迹与线索。

卢曼是笔者最服膺,同时也最受其思想启发的学者。本书的书名《法学的社会学启蒙》,就源于卢曼的一篇学术演讲的标题:《社会学启蒙》。因此也有必要对该演讲略作介绍。该演讲是卢曼就任明斯特大学社会学系教授的就职演讲。因此,这个演讲也可以说是卢曼对自己未来整个社会学事业所定的基调。卢曼在这个演讲中首先从历史的角度指出,启蒙运动主要发生在18世纪,到19世纪时就突然被中断了。社会学则产生于19世纪,成长于20世纪。从历史的角度看,社会学很大程度上可以被看作对启蒙运动的反叛。启蒙运动不是社会学的预备,社会学也不是对启蒙运动的贯彻。就此而言,"社会学启蒙"这个表达方式显得非常暧昧、可疑。卢曼之所以仍然采用"社会学启蒙"的说法,主要是认为,社会学虽然并非对启蒙思想的运用,但却可以成为对"启蒙思想"的澄清,尤其是,它可以帮助人类认识到自身的局限性。就此而言,社会学拓展了人类的认识能力,帮助人类认识到了社会的复杂性,并化约此种复杂性。就这些方面而言,社会学仍然是符合启蒙精神之核心要义的。具体来说,卢曼认为,社会学在揭示人类行动和认识视角之不一致,认识到在社会制度的显功能之外还存在着更深刻的潜功能,认识社会事物时在方法论上逐渐从事实理论转向系统理论,以及逐渐学会从功能比较的视角来观察世界等四个方面,都进一步澄清了启蒙的界限。

就此而言,所谓法学的社会学启蒙,并不仅仅是对20世纪90年代法学启蒙时代的怀旧,同时也是对中国法学与其身处的中国社会之复杂关系的探问。与卢曼社会学启蒙的关注类似的是,本书各篇文章,关注的是中国社会演化所带来的知识语境的变化,尤其是改革开放以来,我们不断地发现,不但社会发生了激烈的变化,我们所共享的整个知识体系的语境也发生了激烈的变化。我们能够明显地感受到,20世纪90年代与80年代的智识氛围和话语体系,就存在着很大的变化。进入新世纪以来的这将近20年时间,尤其是随着互联网的高速发展,并日益深入地介入普通人的生活之中后,整个话语的类型和表达的方式,与前面这20多年比起来,又发生了特别明显的变化。在晚近的这十多年中,我们确实日益感受到各种各样的不一致的视角越来越多了,社会也变得越来越复杂了。那么我们就要去反思,当年的启蒙运动,它的出发点是什么,它的理念、思考、追求、事业,在我们新的知识体系下何以有效? 如果说,存在着20世纪90年代法学的启蒙,那么、二三十年后,此种法学的启蒙,在当前的这种知识语境和话语体系中,又何以有效?

我个人认为,法学的社会学启蒙,首先就要面对当前各种观察视角的不一致的问题,尤其是应该直面一百多年来法学之内部视角与社会之外部视角之间的不一致的问题。晚近在更年轻一代法学研究者中发生的社科法学与法教义学的争论,以及政治宪法学与规范宪法学之间的争论,其实都是此种不一致的视角之观察的增多所形成的。因此,法学的自我启蒙的核心,就是去处理法律之外部视角与内部视角的关系问题。对此,卢曼曾经给出了一个非常有启发性的表述,即"法律是一个自我观察的系统",因此,当我们观察法律时,我们其实是在对"一个正在自我观察的系统进行观察",或者说,我们的观察就是"观察法律系统的自我观察"。在此基础上,我们可以深入法律与社会的关系问题,观察法律系统在社会中发挥的显功能与潜功能的问题,借此反思最近这十几年推进的轰轰烈烈的法律改革过程中,隐含在各种政策与行动背后的知识基础及其边界的问题等。

本书就是我在此种问题意识背景下,结合这十多年具体发生的各种社会事件和知识事件,在现象的观察和方法的探索等诸方面所做出的一些零星探索的尝试。在这个过程中,我个人对社会的理解,也逐渐地发生了变化。从现象的层面来看,我认为相对于40年前的中国,当前中国的社会已经发生了较为实质的变化,正日益成为一个超大规模的陌生人社会。如何理解当前中国超大规模社会的特征与规律,变成了中国从事社会科学研究的所有人必须面对的时代课题。另一方面,在方法论的层面,我观察的视角日益从古典社会学行动理论的视角与方法转变为系统理论的视角与方法,因此,当我在观察社会时,各种社会行动之间的因果关系的解释已经不再能够满足我的要求,在系统理论的帮助下,我更注重将事实放在不同的意义脉络和结构下进行观察。例如,从法律系统、政治系统、宗教系统的角度出发,事实呈现的面貌和背后的含义是完全不同的。

在这个背景下,我本人的观察,也日益从各种流行的关于制度和改革的目标、价值等话语中超脱出来,我更看重的是日益复杂和多元的中国社会中,是否存在着某种超越主观性的法律之潜功能的问题。因此,我的兴趣日益转向如何揭示和描述当代中国社会的各种复杂性,以及这些复杂性之化约如何可能的问题。而我对法律的观察与思考,也是在中国社会复杂性及其化约的视角下展开的。由此,本书如此种种的考虑和旨趣,让我觉得不妨借鉴卢曼"社会学启蒙"的说法,而将本书的这些探索和尝试,称作是"法学的社会学启蒙"。

上编　法学的自我反省

法学的社会学启蒙
——社会系统理论对法学的贡献

一、法学的幼稚与封闭

法学的自主性问题,可谓是一个中国法学研究者再熟悉不过的老话题。最近 20 多年,我们已经听过无数次对法学自主性的尖刻批评,而每一次的批评越尖刻,就越引人关注,招来阵阵喝彩声。例如,所谓的幼稚的法学、狭隘的法学、封闭的法学,如此等等,都是对法学自主性的批判。与"幼稚""封闭"以及"狭隘"相对应的自然是"成熟""开放"和"宽广"等字眼。因此,法学有多少次被如此批判过,就有多少次被那般期待过。与期待联系起来的则是部分法学研究者身体力行"改造法学"的孜孜实践。种种所谓的法社会学、法经济学、法伦理学、法人类学、法政治学等研究,便是例证。

令人遗憾的是,主流的法学研究(这里主要指部门法学研究)似乎并没有因为此种尖刻的批判而多做改变。几乎所有从事法学研究的人都能够感受到,法学研究的主流,正日益朝着案例化和适用主义的方向发展,变得越来越封闭,也越来越"幼稚"了。各种法的交叉学科研究,不但没有改变法学研究的此种发展趋势,其自身反而在此种法学研究的潮流中日益被边缘化。

是那些部门法研究者不重视这些批评吗?似乎也不是。当法学被批评为幼稚、封闭和保守时,虽然部门法研究者大多保持沉默,但从那谦卑的眼神中总能看出几分同意来。在法学研究队伍中,从事"批判法学"的研究者,往往较多数部门法研究者具备更大的知名度,具有法学内部"跨学科"的影响力,这也是事实。

当论者判断法学之幼稚时,他的比较对象要么是新兴的社会科学,例如"经济学"和"社会学",要么是传统的人文学科,例如哲学和史学。新兴的社会科学,往往能够严格地界定自身的研究对象,并且有着相当精确的定性和定量的研究方法,研究的是一个普遍性的问题;传统的人文学科,则似乎总有一批经典理论家的经典著作做支撑;不像法学,似乎最经典的就是教材,整天和法条打交道,关注的也总是一个个很具体的案子,可谓是经典的刀笔吏角色。

因此,在大学里,无论是遇见传统人文学科的学者,还是新兴社会科学的教授,法学院的老师有些抬不起头来,倒也情有可原。法学幼稚之名,外人倒很少谈论,往往是出自法学家之口,其中自我调侃的意味,真有些不足为外人道也。

当然,法学圈中人,论说法律之幼稚,也并不仅仅是职业的自卑感在作祟。话说今日还有几人在认真对待这些迂腐的学科清规与戒律呢?在市场化的大潮下,学科与专业的地位,早已翻天覆地,传统的人文学科,也早已斯文落地。法学、管理学和经济学,则作为市场经济条件下的新贵,崭露头角,享尽尊荣——君不见,每年考进北大清华的高才生,有几个不是挤破头地往经济、管理和法律专业挤,又有多少是弃历史、中文和哲学专业如敝屣?由此可见,法学教授与法学院学生的专业自豪感,与其在学科规范与方法层面的自卑感比起来,毫不逊色。

如此一来,法学幼稚之名广播,并每隔几年,便以新的形式不断在发酵、重复、散播,又每每得到热烈的响应,应该是另有更深刻的原因。

有论者指出,其中一个很根本的原因,就在于中国法学的"无根基性"。所谓中国法学的无根基性,其基本的含义,就是指中国法学与当代中国国家法体系一样,是外来的,是移植的,而不是从中国人自己的生活和传统中生长出来的。因此,从清末沈家本改革以来,中国人对现代西方法律就充满了重重的疑虑、满腹的狐疑、深刻的不理解。

在某种意义上,法学圈内所存在的以"幼稚""封闭"及"狭隘"之名对法学进行持续、激烈和系统批评的研究者们,其所做工作之实质,就是向"法学"以及"现代西方意义的法律体系"表达此种不理解、疑虑和狐疑。长期以来,由于这些学者对"人民群众"的此种不理解、疑虑和狐疑的重视程度和反应程度如此之强烈,以至于他们中的多数都将自己的法学研究变成了一种"反对法学"和"改造法学"的研究。

虽然,将此种不理解、疑虑和狐疑之表达当作法律理论研究本身,一定是远远不够的。但这并不能否认,此种不理解、疑虑和狐疑,是应该并且能够被当作法学理论严肃处理的主题,得到科学分析与有力回应的。

二、 法理学的自卑

上文所述的种种针对法学自主性的批评,以及提出的"开放的法学"的要求,及其与"顽固的法学自主性"所形成的张力,生动地揭示了一个事实——法律系统一直都在进行自我划界行为,或者说,划定法律帝国界限的主权,一直都掌握在法律系统的手里。因此,针对法学自主性的批评及其反批评,其实不过是在正当性的层面对"法律主权"的争夺。正如德沃金所说,在法律人的眼里,法律帝国的首都在法院,因此划定法律系统边界的行为,其实是由法院里的法官说了算的。因此,即便是不懂法学的政治哲学家和社会理论家哈贝马斯,也不得不承认,法学研究天然地以法官的视角为优先考量的因素和核心视角。① 用哈特的话来说就是,法学的内在视角具有优先性。② 因此,法学研究一定是以法官裁判之个案为基础的,它的理论性,仅仅体现在将法官的个案裁判纳入整个法律体系之中进行考量,从而超越个案的独特性,达到抽象概念和体系的思考层次。

就此而言,法学研究本身就是一种独特的法理学研究,或者说,所有的法学研究都是法理学研究。但是,目前在大学里面教授的被冠以"法理学"之名的法理学,还不是此种狭义的法理学研究。目前大学里教授的法理学,或者说多数法理学研究者所从事的法理学研究,主要分成两个部分,一个部分其实是西方法律思想史研究,或者更狭义地说,是现代西方法理学研究。之所以这么说,是因为在约翰·奥斯汀的《法理学的范围》③之前的西方法律思想史,与西方政治思想史其实是没有区分的。在

---

① 参见〔德〕哈贝马斯:《在事实与规范之间:关于法律与民主法治国的商谈理论》,童世骏译,生活·读书·新知三联书店2003年版,第243页。
② 参见〔英〕哈特:《法律的概念》,许家馨、李冠宜译,法律出版社2006年版,第97页。
③ 参见〔英〕奥斯汀:《法理学的范围》,刘星译,中国法制出版社2002年版。

约翰·奥斯汀之后,开始出现了一批独立的主要局限于法学圈的经典理论著作,形成了相对独立的法学理论流派,例如英国的法律实证主义,美国的法律现实主义、批判法学、德国的概念法学、利益法学等。现代西方法理学,就是对这些理论学派的精细文本研究或综合比较研究。此种研究方法,就有点类似于传统人文学科对各自学科历史上经典著作的研究,例如对柏拉图、亚里士多德等从哲学、政治学、伦理学等学科视野进行的文本研究和综合比较等。

在此种研究之外,还有一种更重要的被冠以法理学之名的研究,就是以当代中国法律转型为主题的,以问题意识为导向的,综合不同学科视野的交叉学科研究。此种法理学研究受其他学科的问题意识及方法论影响较大,主要是对中国法治建设与法治转型过程中遇到的某些重大问题和基础问题进行研究,因此和部门法学研究有着非常不同的研究对象和方法。可以说,这部分的法理学研究也是最开放的法学研究。在某种意义上,此种法理学研究起到了连接部门法学与其他学科研究的纽带作用,并且他们的另一个主要言说的对象,就是法学内部的研究者。他们做的工作,实际上是向部门法学研究者提供一种关于法律整体形象的自我定位,因此,他们尤其热衷于讨论如下这两个问题,即法律是什么?法律与社会是什么样的关系?

部门法的研究者无法解决关于法律是什么的问题,这是由部门法研究者独特的研究方法所决定的。部门法研究者关注的是某个具体的法律适用问题,并且是在特定的规范前提下进行的。例如,某个具体法律规范的具体含义是什么?两个不同的法律规范之间,是否存在矛盾和冲突?是否可以通过体系的方法来协调此种冲突?是否出现了新的社会事实,以致该规范无法涵盖该事实?对新类型的事实,是否能够通过类比等方法,使得该规范能够涵括该事实?如此等等。

显然,此种方法,根本无法对法律的整体形象做出描述,也无法在此基础上对作为整体之法律的性质、功能,及其与其他社会事实之间的关系,做出系统的研究和阐述。这就是部门法学的研究总是被其他学科的研究者指责为幼稚、封闭和狭隘的原因。

部门法学研究者无法对外提供系统的关于法律整体的描述,然而无论是其他社会科学研究者,还是一般社会大众,对"法律是什么"这一问题的解答都有着深刻而普遍的需求,这就使得法理学学科的存在成为必要。实际上,不仅是法学研究的外行需要法理学研究者提供产品,部门法学研究者也很希望得到这个问题的解答,从而缓解和消除学科自我定位与自我理解的焦虑。由此,法理学学者就必须在部门法研究方法之外,发展出来一套独立的研究方法论。边沁、奥斯汀、埃利希、凯尔森都是这么做的。

既然部门法研究者无法为法理学研究者提供这样一套对法律整体进行描述、分析、评价的方法论,法理学研究者就只好向哲学、政治学、社会学、人类学、经济学等其他学科寻找此种方法论的启蒙了。

这就是法理学研究者最热衷于交叉学科研究,最热衷于对部门法学传统的研究方法展开激烈批判、进行尖刻讽刺的真正原因。然而,法理学毕竟仍然存在于法学研究序列之中,是法学研究的子学科,并非哲学、政治学、社会学、人类学、经济学等其他学科研究的子学科。因此,如果法理学一味地站在其他学科方法论的立场,站在社会需要的立场,对传统部门法研究方法论进行彻底批判和否定,就不但不能缓解法学外行对法学的质疑,更无法缓解法学研究者自我理解和自我定位的焦虑。它唯一能做的,就是加重法学的自卑情结。因为仅仅借用其他学科的方法论,就只能印证其他学科依据自身方法论本来就能得出的结论,而无法向他们传达出更多的信息与意涵。这样一来,法理学就注定只能是一门不断自我贬低、自我否定的自卑学科。自卑的法理学不但不能缓解危机,反而是法学自主性危机不断加重的表现形式。

三、 打破规范与事实的鸿沟

如此看来,法理学的危机比法学自身的危机要更为严重。法理学的性质和定位,是由其任务决定的。法理学的核心任务,就是同时向法学外行和部门法学研究者提供一种关于法学整体形象与性质的理论表述。对于法学的外行人来说,他们需要通过阅读法理学研究者的作品来认识和理解法学,通过与法理学研究者的对话形成与法学的对话。而对于法学内部的部门法研究者而言,他们也需要通过阅读法理学研究者的作品,通过与法理学研究者的对话,来形成比较完整和清晰的自我定位和自我理解,并且通过这个自我定位及自我理解,来指导和调整具体层面的法学研究。

这就对法理学研究者的语言能力提出了很高的要求,从某种意义上来说,法理学学者从事的是一种语言转译的工作,将其他学科的语言转化成法学语言,同时又将法学语言转译成外行能够听得懂的科学语言或大众语言。或者更进一步地说,法理学研究者从事的是一种将"外部观察者"的语言与"内部参与者"的语言进行互译的工作,让"外部观察者"看得懂"内部参与者"所做事情的性质与意义,让"内部参与者"能够像"外部观察者"那样看到完整的自己。

形成完整的自我形象其实并不难,难的是形成客观和准确的自我形象。法律人开展工作的前提条件,就是预设法律的自我形象。例如,法律人往往将法律看作是正义的化身。正义,恰恰就是法律人开展工作的自我形象。然而,法律人此种关于自我形象的预设,其实不过是法律人缺乏客观观察与外在对照的自我想象的自我形象。此种基于内在参与者观点的对自我形象的想象,与法律运作的种种不完美的现实,形成了极大的落差,这种落差反馈到法律人的意识层面,就构成了法律自我身份的焦虑。所谓的现实主义法学、批判法学等诸如此类的法理学说,其实表达的都是法律人此类的焦虑和精神分裂。当然,完全脱离内在视角的纯外部观察,也很难形成准确和完整的法律形象,这就像哈特曾经举过的一个例子,如果一个完全没有人类生活经验的外星人用自然科学的纯外部观察者的视角来观察十字路口的红绿灯,就根本不可能了解交通规则之作为规则的意义所在。①

很显然,如果缺乏必要的法学训练,对法学的内在视角没有任何经验与自觉,一定是做不好此种转化工作的。例如,许多所谓的法社会学研究,通过对社会行为的研究来否定法律的规范有效性,强调"写在纸面上的法律"与

---

① 参见〔英〕哈特:《法律的概念》,许家馨、李冠宜译,法律出版社2006年版,第85页。

"行动中的法律"的区别,但他们的研究实际上看到的不过是行动中的个人,或者个人的行动,哪里又看得到什么法律呢?

如何超越法官与律师的社会学?这是德国法社会学家卢曼曾经质问过西方的社会学家们的。这个问题同样也适用于法理学的研究者。因为法理学要形成一种完整的关于法律的自我形象定位,其实需要一点社会学的方法和意识,从而帮助法学的外行人,透过具体和个别的法律人及其行为看到法律整体的完整形象,而且也能够帮助部门法的研究者,通过这个完整的法学形象的描述,来理解、反思和指导自己日常的具体法律工作与研究。

哈特曾经在其经典名著《法律的概念》序言中概括自己的工作是一种"描述社会学"研究,[①]其实讲的也是这个道理。依笔者愚见,哈特《法律的概念》最成功的尝试,就是试图用一种社会学描述的方法,对法律的"内在观点"进行描述。这非常接近本文一再强调的工作,即用一种社会科学的语言,向两种外行人描述法学内部人工作的过程及其意义。也因此,哈特的法理学研究,要比历史上大多数的法理学研究者更成功。但哈特的工作仍然不够彻底。例如,哈特对法律系统最核心的内容,即法官司

---

① 参见〔英〕哈特:《法律的概念》,许家馨、李冠宜译,法律出版社2006年版,第2页。

法裁判的现象学描述,就远不能令人满意。在哈特的理论中,法官在裁判的过程中,要么是机械地适用法律规则,要么就是恣意地行使自由裁量权。正如哈特的批评者德沃金所指出的,实际上司法裁判的经验和现象,要比哈特的这种描述复杂得多,①哈特在做裁判现象学描述时,毫无疑问已经放弃了内在参与者的视角,过于倚重外部观察者的视角了。

那么,如何可能形成一种关于"法律"的社会学描述呢?这难道不是一种自我矛盾吗?哈特的失败,难道不是再次坚硬地证实,规范与现实之间的鸿沟是不可弥补的吗?然而,规范与现实的藩篱就真的如此坚固、如此难以打破吗?其实也未必。例如,卢曼就指出,除了大家熟悉的主流的社会学研究之外,还有一种新的社会学研究方法,可以将"规范"本身当作社会学考察的对象。②

此种新的社会学以如下观点作为其理论的出发点,即每一项观察与描述,都必须以一项区分为基础:如果能够将某物从所有的其他事物中区分出来,该物就成了"客体";如果能够将某物从特定的对应的概念区分出来,那

---

① 参见〔美〕德沃金:《认真对待权利》,信春鹰、吴玉章译,中国大百科全书出版社1998年版,第30—70页。
② 参见〔德〕卢曼:《法社会学》,宾凯、赵春燕译,上海人民出版社2013年版,第69页。

么它所标示的就是"概念"。①

因此,此种新的社会学研究以系统/环境为基本的区分,将法律区分为一个自创生的系统,将所有的其他事物都区分为法律的环境,从而将法律系统从所有的其他事物中区分出来,以法律系统为研究的客体。将此客体的问题转化成本文的语境,就是对一个概念的理解问题——"规范"这个概念何以可能被理解成是某种"事实性"的概念,以至于社会学也可以将规范当作一种"事实"来考察?

从方法论上讲,我们之所以认为"规范"不可以被当作"事实"来对待,是因为我们将"事实"当作"规范"的对应概念,从而通过"事实"这个概念来界定"规范"这个概念的含义。然而,此种社会学认为,与"规范"对立的概念并不是"事实",而是"认知",必须通过"认知"这个概念来界定"规范"的概念。所谓的认知,就是根据信息的变化,对个人的行为预期做出调整。而所谓的规范,就是哪怕通过对接收信息的分析,认为相关事实改变了,也仍然坚持原来的预期,对行为不做任何调整的状态。②

与规范/认知这一对概念联系在一起的,还有一个很

---

① Niklas Luhmann, *Das Recht der Gesellschaft*, Suhrkamp Verlag, 1995, S. 26.
② 参见〔德〕卢曼:《法社会学》,宾凯、赵春燕译,上海人民出版社 2013 年版,第 81 页。

重要的社会学模型,就是人际交往的"双重偶联性"。所谓的双重偶联性,研究的是社会如何可能的问题,它将社会简化成两个抽象主体之间的互动问题。很显然,任何主体之间要形成交往,就会对对方的行动形成某种预期。然而,由于对方是自主的个体,因此对方的行动既可能符合自己的预期,也可能不符合自己原先的预期。反之,亦然。

如果对方行为不符合自己的预期,这种情形就叫做失望。面临失望,有两种选择:一种选择是调整和改变自己的预期和行为,这就是对失望采取认知的立场;另一种选择是坚持原先的预期和行为,这就是对失望采取规范的立场(见图1)。

```
A(自我)                  认知                    B(他我)
(A对B的期望) ──→ 面临失望 ⇅    面临失望 ←── (B对A的期望)
                         规范
```

图1　面临失望的两种选择

如果每当对方的行动不符合自己预期的时候,当事人都做出改变,就会带来一个严重的后果,那就是使得自己的行动,也变得很难被其他人事先预期了。一旦自己的行为变得更难以预期,则对方也就会更频繁地调整自己的行动(见图2)。如此一来,人际之间就很难形成稳定的互动和交往。著名的囚徒困境,讲的就是这个道理。

```
          认知 ←→ 认知
A(失望) ⇗       ⤫       ⇘ B(失望)
          规范 ←→ 规范
```

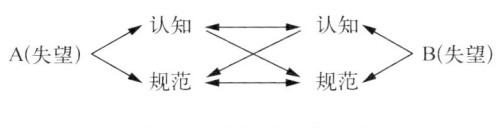

图 2　双重偶联性的困境

因此,这种社会学认为,人际交往必须稳定,否则正常的社会秩序就无法形成。而人际交往要稳定,则人际交往的预期就必须稳定。要稳定人际交往的此种预期,就必须有一个中立的第三方来稳定行为者双方的预期,尤其是稳定"对方对自己行为的预期",而要稳定对方对己方行为的预期,就必须对失望现象采取规范的态度,也就是不做出改变的态度。

那么,当事人保持自己对对方行为预期的稳定的基础是什么呢?那就是即使目前和我打交道的这个具体个人的行为违背了我的预期,也要说服自己,让自己确信,他这样做是不对的,我应该继续坚持合法的立场,并且在下次类似情境下,或者多数类似情境下,和我打交道的那个具体个人,其行为应该仍然还是符合我此前的预期的。而现代社会的法律,就是承担这个功能的(见图3)。

至此,这种社会学在功能论的角度为现代法律系统提供了一个完整和清晰的说明。例如,它非常清晰地说明了,对于现代法律体系而言,为何某个具体的个人违背

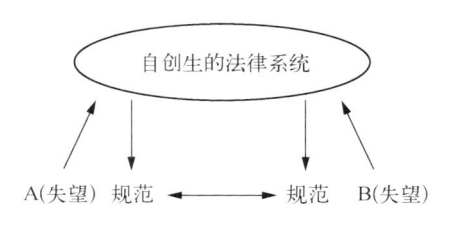

```
        ┌─────────────────────┐
        │   自创生的法律系统    │
        └─────────────────────┘
         ↗        ↓      ↓      ↖
    A(失望)   规范 ←——————→ 规范   B(失望)
```

图 3　法律保障规范性预期的稳定

了某个具体的法律规范，并不意味着该具体法律规范的失效，更不意味着整个法律体系的失效。相反，如果某个规范大量地不被遵守，哪怕该规范在哲学或者道德上的正当性如何之强，也是无效的。

四、法学的社会学启蒙

按照卢曼的定义，此种新的社会学，即是社会系统理论。相对于传统的社会学，社会系统为我们提供了既更加宽阔，又更为严格和狭隘的理论视野。说它提供了更宽阔的视野，是因为它在主流的社会学之外，为我们观察现代法律系统提供了全新的概念工具和理论可能性，从而刺激我们以全新的视角来观察和理解法律。说它更严格和狭隘，是因为他严格地限定了概念的内涵和外延，也就是严格意义的社会学范围，是一种严格和狭隘意义的社会学，关注的是作为社会事实的法律。

法的系统理论尤其关注如下这个问题，即法律系统是如何限定自身的边界，并且进行自我观察和自我理解的。正如上文所述，法的社会系统理论通过区分法律系统及其环境，从而有力地说明了法律的自主性与法学的自主性问题。所谓法律的自主性，也就是说，法律系统通过自我生产的方式，将自己与环境区别开来，这犹如生物学研究所揭示的，细胞通过生产自己所需要的一切，确定了自己的边界，将自身与它的环境区分开来。种种强调法律开放性，试图将各类社会规则、道德规则直接置换成法律规则的尝试，试图打破的，恰恰就是法律自我生产的"生产力体系"。凯尔森用"规范创造规范"的"规范等级体系理论"来描述法律系统的此种自我生产的机制，仍不够准确。用系统理论的术语来描述，这就是法律系统的"运作封闭性"及"自创生机制"。法律系统的运作封闭性是通过二值的代码化运作实现的。法律系统的二值代码就是合法/非法。与法律系统的运作封闭性联系起来的，则是法律系统的"认知开放性"，认知开放性对法律系统的运作封闭性进行调整，以使得法律系统能够适应社会系统的变迁。认知开放性是通过法律系统的"纲要"实现的，通俗地将法律系统的纲要与立法所创立的实证规范联系在一起，同时也体现为德沃金所陈述的疑难案件中的原则与法理。如此，法律教义学理论对于调试法律系

法学的社会学启蒙

统的开放性极为重要。然而,恰恰由于法律教义学的存在,使得法律系统的认知开放也不是毫无保留的——法律系统的认知开放,也必须呈现出某种封闭性特征,例如所有法律外的道德、利益,都必须被转化成"法言法语",也即法律人内部语言,才能够被法律系统所接受,导致法律系统内部构造的调整与升级。这就是法律系统认知层面的封闭性,也即法律教义学的封闭性。此处的法律教义学,也就是国内法学研究者通常所说的部门法学。法律系统运作层面的封闭性与认知层面的封闭性,虽然同为"封闭性",却属于不同的层面,不应该混淆。法的系统理论中以"双重封闭性"来标示此种现象。

由卢曼提出的这种新的法社会学研究路径,对中国的法理学研究具有特别的启发意义。一般而言,在英美这些法治成熟的国家,由于数代人在现代法律体系下生活经验的累积,以及已建成的现代法治体系所带来的种种便利与好处,人们对法律体系的不解和指责,仅仅是局部性的,而非总体性的。而当代中国,正处于法治转型的关键期,中国法理学的众多研究者们,却无法向法律外行人与法律内行人同时提供足够可靠的"双语作品",甚至最负盛名的法理学研究者所提供的也仅仅是基于外部人视角的"反法治"和反法学的"单语作品",虽能激发外行人的共鸣,却被法学内部人看作是"搅局"。在此情形下,任何局部和个案的对法律的不满和不信任,往往导致对法治整体的怀疑与否定。

与此相反,卢曼的社会系统理论能够更加具体地将现代法律体系的运作,以及作为现代法律体系运作之核心内容的现代法学研究的结构、功能与意义,与人们日常生活中很熟悉的生活经验结合起来,这不但能够让人们更清楚地看到这些律师和法官们都做了些什么,而且能够帮助人们通过这些律师和法官们的行动,来理解现代法治的运作机制和内在意义。由此,人们也就不那么强求"法学"一定要像其他社会科学那样"科学"与"深刻"了——原来法学的"幼稚"恰恰是它能够发挥其功能的前提条件哩。

从现代人的角度看,18世纪的启蒙运动,其实是由于在欧洲社会面临剧烈转型的过程中,古代世界遗留下的一套旧概念与方法,已经难以描述和理解正在发生剧烈改变的社会现实,因此需要提供一整套的概念和理论,来重新理解和参与正在激烈进行的现代性转变,由此带来了现代人一种彻底的精神解放和思想解放。如此看来,正面临剧烈社会转型的中国,同样需要一场关于法学的社会学启蒙,通过一套新的有关法学和法治的社会学概念和理论体系的建构,形成一种全新的思想解放与精神解放。也许,这就是当代中国法理学研究者的历史使命吧。

社科法学的贡献与局限

一、社科法学的登场

关于什么是社科法学,大致可以有两种解读。首先,社科法学可以被理解成社会科学在法学中的应用。对此,多数法学研究者是表示欢迎并积极尝试的。其次,社科法学也可以被理解成将社会科学当作法学研究的主要方法和范式,从而替代传统的法律教义学研究。就此而言,许多法律教义学学者表示深刻的怀疑。

从历史发展的脉络来看,法学是一门古老的学科,是欧洲中世纪大学四门基本学科之一,而社科法学乃是后起之秀,是通过对传统法学研究方法的不满和批判而出现的。社科法学对法学的批判,主要是通过指出法学的"封闭性"与"简单性"两种缺陷,进而主张自身的"开放性"(或"灵活性")与复杂性。将二者结合起来,社科法学批评传统法学忽略了规范和事实之间的鸿沟,仅仅关注"写在纸面上的法律",而忽略了现实世界中"隐藏在行动中的法律"。

由于将自己的研究对象限定为"隐藏在行动中的法律",社科法学更关注行动的逻辑,注重对那些真正影响人们行动之因素的考察。因此,隐藏在行动背后的各种心理学的、社会学的、文化的、经济的、政治的等各种因素,都成为社科法学关注和考察的对象。相对而言,传统法学则仅仅关注影响人们行动的"法律"那个维度。就法学研究故意屏蔽各种法外因素而言,它是封闭的,同时也是简单的。而对于将各种可能影响人们行动之要素考虑在内而言,社科法学认为自己是开放的,相对于传统法学而言,也是复杂的。

二、中国的社科法学与法律教义学之争

就中国社科法学的成长而言,又有着特殊的背景。由于中国处于法律转型时期,大量的法律实践都需要借鉴西方法治成熟国家的经验与做法,同时在很长一段时间内,中国的法学并不发达,更像是无师自通的"依样画葫芦"式的模仿。第一批提倡和实践法学的社会科学范式的学者,例如苏力、强世功,将社科法学的利器——即批判传统法学之"封闭性"和"简单性"——创造性地运用到中国法律转型的语境中来,从而将其转化成对"法律移植"的批评:那种罔顾中国现实的照抄照搬的注释法学,根本无法解决中国问题!法学研究者应该放弃此种"注

释法学"的方法,通过运用社会科学的方法观察隐藏在中国人日常行动中的"法",将其提炼上升为真正的中国法。他们尤其认为,中国广大农村中存在着的各种习惯法和乡规民约,是真正本土化的中国法;而那种以"权利"和"义务"语言表达出来的现代西方的法律范式,则是一种外来法,应该被摒弃。因此,中国的社科法学主要是通过对"法律移植"的批评和法学研究"本土化"命题的论证催生出来的。可以说,中国版的"社科法学",比世界版的"社科法学",多了一点"文化多元论"和"中国特殊论"的味道——尽管在方法论层次上,它们仍然是高度一致的。

"社科法学"对"注释法学"的批判,很长一段时间内是中国法学的一道亮丽的风景线,它既吸引了一大批优秀法学青年从事社科法学的探索,同时也加速了"注释法学"内部的分化。大约在2000年前后,少数优秀的法学研究者开始意识到,"注释法学"与"社科法学"同样都有问题;通过对"注释法学"的批评,在"倒洗澡水时把洗澡桶中的婴儿也一起倒掉"的做法并不可取;法律的规范性仍然值得坚持,对于社科法学所指出的"封闭性"和"简单性"问题,严格意义和狭义的"法学"也是能够做出回应和解决的。2000年前后"法学方法论"思潮的兴起,就是在这种背景下发生的。

但在法学根基浅薄的中国法学中,"法学方法论"这个概念容易被泛化成"法学研究"的方法论,甚至是法学论文写作的方法论。此外,法学方法论更注重在抽象理论层面和问题意识层面回应社科法学对法学的指责,却很难在具体技艺层面展示法学的开放性与处理复杂问题的能力。因此,随着年轻一代的成长,尤其是随着法学研究水准的提升和方法论自觉的苏醒,年轻一代的学者更倾向于用"法律教义学"来指称严格与狭义的法学。法教义学研究在最近几年取得了重要进展,蔚为大观,而原来的那种粗放型的法学研究,则大大萎缩,以至于有学者判断,中国法学研究正在进入一个适用主义的时代。

这个历史过程被张翔概括成如下的这句话:"以批判并改善法教义学的僵化封闭为指向的社科法学进路的出现,实际上还要早于法教义学的自觉:批判甚至先于批判对象而存在了!"①反过来,我们也可以说,中国法学最值得关注的一个现象,便是最近几年年轻一代学者围绕着社科法学与法律教义学的讨论。一方面,这场争论主要是在新一代的年轻学者之间展开的,反映了年轻一代学者在设置议题和引导研究趋势方面的能力;另一方面,也许更重要的是,这也反映了年轻一代学者更加自觉的方法意识和反省能力。的确,经过30多年的粗放增长,

---

① 张翔:"走出'方法论的杂糅主义'——读耶利内克《主观公法权利体系》",《中国法律评论》2014年第1期,第208页。

中国法学已经进入了一种更加成熟和自觉的反思阶段。

三、法律教义学的自我辩护与反击

法教义学学者首先强调，法的规范性命题仍然有其不可取消的价值。正如英国法学家哈特曾经指出的，法律实践的一个核心特征是，承认某个规范，并且将该规范所包含的行为特征通过涵摄的方式运用到自己身上。①因此，法律工作者的核心，就是对规范的解释与适用的工作。通过限定自身的研究和工作范围，可以将相关的技术和方法进行系统而深刻的提炼与总结，从而形成一整套的学科规范与方法。在规范指导下的实践是人类社会实践的核心内容之一。社科法学注重行动和影响行动诸因素之间的"因果"，却看不到行动与指导行动之"规范"的"归属关系"，这恰恰是社科法学的盲点和缺陷，而非其优点。

同时，法律教义学学者还批评社科法学通过取消法学研究的前提条件和自我限制，从而变成了某种泛学科主义。因为经济学、社会学、人类学、心理学等其他学科，也是通过此种研究方法的自我限制，从而发展出自身的学科定位、体系和方法的。"跨学科"研究恰恰不是取消

---

① 参见〔英〕哈特：《法律的概念》，许家馨、李冠宜译，法律出版社2006年版，第12页。

学科,而是以承认各学科的存在与力量为前提。法学的开放性,并不意味着取消法学学科的界限,更不意味着取消任何学科的界限。就其试图取消法学学科的界限而言,社科法学是"无根基的",因此所谓的"法社会学""法人类学""法经济学"等,无非是套用其他学科的方法论,将法学变成其他学科分支的一种自我"殖民化"的做法;就其试图取消任何其他学科的界限而言,社科法学又是"反科学的"和不自量力的,因为相对于真正的其他"社会科学"而言,它显得有些业余和"半吊子",逃避了这些学科更为规范和严格的评审和评价机制。"面对事实本身"这句现象学的口号,不应该被滥用成逃避严格的学科、专业和方法论训练的借口。

在此基础上,法教义学学者进一步展示了法教义学自身的开放性。例如,像黄卉分析"二奶继承案"时所展示的,对于社科法学所强调的那些疑难案件,法教义学的学者实际上能够比社科法学学者分析得更加复杂和深入,而此种处理复杂案件的能力,恰恰是由于法教义学体系和概念才变得可能。[①] 正如卢曼曾经指出的,真正的开放有赖于某种程度的封闭。法教义学通过限制自己的研究对象和方法,实际上增强了法律系统处理复杂情境

---

① 参见黄卉:"论法学通说",载《北大法律评论》第 12 卷第 2 辑,北京大学出版社 2011 年版,第 363—382 页。

的能力，以及对社会变迁保持开放的能力。提倡法律系统的完全开放，实际上意味着取消了法律系统的独立性，本质上是一种法律虚无主义。

反过来说，法律教义学承认规则的存在并将自身束缚于规则之下，将自身的工作仅仅局限于对行动之合法与否的判断与研究，而对行动之利益维度、心理学维度等保持适当的冷漠，其实也是有其社会功能方面的合理性的。因为这符合现代法律系统的功能设定，即通过对行动之合法/非法状态的判定，在时间面向上稳定社会行动的预期。许多社会学研究也证实，相对于纠纷的消除，现代法律系统稳定行为预期的功能更为重要。因此，尽管存在着比司法裁判更为有效的各种替代性纠纷解决机制，但现代法律体系的存在仍有其不可替代性。

就社科法学所提倡的本土化问题，笔者的一系列研究也显示，除了社科法学所想象的那种以乡规民约为核心内容，摒弃现代法治基本特征和基本原则的本土化方案之外，通过以现代法治基本原则和基本结构为前提，以中国本土司法实践为基础，法律教义学也可以实现法学研究的本土化。因此，法学研究的本土化并不以排除法律教义学研究为前提条件。[1]

同时,正如卢曼所指出的,社科法学由于天然的方法论局限,无法做到将"法律自身"作为研究对象,而只能将"与法律相关的行动或角色"当作自己的研究对象,从而其有效性只能局限于各种"小情境"的研究之中。通过对各种具体情境条分缕析的分析,社科法学呈现了它所谓的"事态的复杂性"。但问题是,现代法律系统乃是一种真正意义的"复杂巨系统",尤其对于面临如此庞大规模人口治理的中国来说,更是如此。[2] 因此,对于转型期的中国法治这个"复杂巨系统"的研究而言,此种小情境的研究很容易犯某种"盲人摸象"式的错误。对大象的某条腿或者尾巴的种种巨细无遗的研究和描述,对于我们了解大象整体形状而言,并没有什么实质性的帮助。

无论是中国版还是世界版,社科法学最初是作为批判者出现的,而社科法学也已经习惯了作为批判者出场。但当社科法学本身被批判和反思时,社科法学似乎还有些不太适应此种角色的转换。无论是"封闭性"还是"复

---

[1] 参见泮伟江:《当代中国法治的分析与建构》,中国法制出版社2012年版,第73—77页;泮伟江:"中国本土化法教义学理论发展的反思与展望",《法商研究》2018年第6期;泮伟江:"法教义学与法学研究的本土化",《江汉论坛》2019年第1期。
[2] 参见〔德〕卢曼:《法社会学》,宾凯、赵春燕译,上海人民出版社2013年版,第42—46页。

杂性"的问题，抑或是"法的本土化"问题，法教义学都为自身的合理性做出了有力的辩护，同时也对社科法学做出了有力的回击。尤其是，当年轻一代的法教义学研究将当年社科法学对"注释法学"的批评内化到自身的研究和思考之中时，社科法学对法教义学的印象仍然停留在"注释法学"和"概念法学"的层次，除了重复当年对"注释法学"和"概念法学"的批评之外，少有新意，对法律教义学的自我辩护和回击，也没有做出任何有效的回应。那种将法教义学与社科法学的对话看作是德国法学资源与美国法学资源的差异的做法，与其说是对法教义学反击的回应，倒不如说是在以一种机智的方式对真正对话的逃避。可以说，如今，法教义学学者对社科法学的理解，要远超过社科法学学者对法律教义学的理解。在一定程度上，社科法学研究者的此种鸵鸟态度，可以被看作是一种不思进取和玩世不恭。此种逃避心态将是制约中国社科法学真正发展的最大障碍。作为社科法学的观察者和某种程度的参与者，我真诚地期待中国社科法学能够有更清醒的自我认识和更实质的进步。

缺失"法学"的中国法制史研究
——评《清代的法律、社会与文化：
民法的表达与实践》

一种缺乏法学内在视角的法制史研究是否可能？翻开黄宗智先生的新作《清代的法律、社会与文化：民法的表达与实践》①，脑中萦绕不去的却仍然是这个问题。

在西方的法律传统中，一种"超越"法学内在视角的法制史研究是可能的，但是一种"缺乏"法学参与的法制史研究，是不可想象的。尽管存在着所谓"法律内史"和"法律外史"的区别，并且晚近以来，法律内史的正统地位逐渐被所谓的法律外史所取代，②但是这并不表明法制史研究中"法学"的缺席。

这是一个关系到中国法制史学科生死存亡的大问题。从大处看，如果说"法制史"的存在某种程度上以来

---

① 参见黄宗智：《清代的法律、社会与文化：民法的表达与实践》，上海书店出版社2007年版。
② 参见韩铁："美国法律史研究领域的'赫斯特革命'"，《史学月刊》2003年第8期。

源于西方的"法学"的存在为必要前提,那么就会得出中国并没有法制史的结论。如此一来,作为学科存在的"中国法制史"就失去了其正当性的基础。法学博士出身的马克斯·韦伯对中国法制传统的研究,在一定程度上就是为了佐证如下这个命题:只有西方才发展出了一种具有普遍意义的理性,并且将这种理性扩展到全世界的范围之内。在韦伯看来,只有在西方,才出现了"按程序规则行事而可资估量的法律与行政"①,并且"受过合理法律专门训练的法律家身份阶层……支配了司法与行政"②,这大大促进了西方现代资本主义的发展。而中国传统的司法却是司法与行政不分,在裁判的过程中强调情理法并重,"从程序正义或是经济'期待'的角度而言,这显然是一种强烈的非理性的、具体的'权衡'裁判的类型",韦伯专门为这种类型的司法裁判取了一个名字,即"卡迪司法"。③ 韦伯对中国传统法制的这种研究,后来得到了日本研究中国法制史学者如滋贺秀三、寺田浩明

---

① 〔德〕韦伯:《新教伦理与资本主义精神》,康乐、简惠美译,广西师范大学出版社 2007 年版,第 11 页。
② 〔德〕韦伯:《新教伦理与资本主义精神》,康乐、简惠美译,广西师范大学出版社 2007 年版,第 12 页。
③ 参见〔德〕韦伯:《法律社会学》,康乐、简惠美译,广西师范大学出版社 2005 年版,第 270 页。

等一系列研究的肯定。①

黄宗智先生的这本著作在某种程度上可以说代表了华人法制史学者对韦伯命题的一个最新挑战和正式回应,也可以说是挑战这一我们耳熟能详的常识的一个尝试。能够从我们习以为常的所谓常识里面,通过提出新的材料和证据,以及细致严谨的分析,找出新鲜的观点,这是一流的理论家必须具备的一个素质。在从事中国法制史研究之前,作者长期以来一直从事中国明清时期的经济史的研究,其代表作《华北的小农经济与社会变迁》②以及《长江三角洲小农家庭与乡村发展》③早已经是研究中国经济史必读的经典,并且两本书主要依赖的材料也是日本"南满洲铁道株式会社"研究人员在华北平原和长江三角洲的村庄的调查,也即著名的"满铁调查",同时辅之以中国第一历史档案馆和宝坻县的一些档案。作者在中国法制史研究者通常所借重的法典、笔记等资料之外,独辟蹊径,采用一种社会学的进路,通过使用地方诉讼档案和满铁调查资料来研究中国传统的司法和法制,从而为我们打开了另外一个世界。

---

① 参见〔德〕韦伯:《法律社会学》,康乐、简惠美译,广西师范大学出版社2005年版,第29页。
② 参见黄宗智:《华北的小农经济与社会变迁》,中华书局2000年版。
③ 参见黄宗智:《长江三角洲小农家庭与乡村发展》,中华书局2000年版。

根据黄先生的研究,清代政府的官方表达和其法律制度实际运作之间,存在着一种"表达"和"实践"的背离。黄先生根据这些诉讼档案和社会学调查的资料,对这些命题提出了尖锐的挑战。不过黄先生的用力点在于,中国传统司法是否是一种调解性的,或者说"权衡"性的,毫无理性可言的非理性恣意,即是否是一种卡迪司法。黄先生还是用数字来说明,在621件案件中,有221件都是经过正式庭审的案件,其中只有21件是采用类似调解的方式处理的,其他的都是法官当场断案,明判是非的。这221件之外的其他案件,则是经过民间调解解决的。而这些民间调解同那些没有提起过诉讼的调解稍微有些不同的是,这些调解是以提起正式的民事诉讼为背景的。①对此,我们不得不佩服黄先生较真的学术精神,由此也可窥见美国的"数目字管理"程度之深。借助于对这类调解的发现,黄先生提出了"第三领域"这个概念,对传统的国家和市民社会这一两分法提出了挑战。②

就个案来说,黄先生的这些分析都是很有说服力的。但是稍显遗憾的是,黄先生并没有像他在两本经济史的

---

① 参见黄宗智:《民事审判与民间调解:清代的表达与实践》,中国社会科学出版社1998年版。
② 参见黄宗智:《民事审判与民间调解:清代的表达与实践》,中国社会科学出版社1998年版。

著作中那样，在著作的开头或者结尾部分，对方法论部分进行充分的探讨和说明；对韦伯的四种合理性类型，尤其是形式合理性和实质合理性的分析和批评，也略显单薄。尤其要紧的是，这种方法论探讨和学术脉络梳理的缺位，使得我们不禁要质疑，来自四川和台湾新竹这几个县的诉讼档案是否具有充分的代表性，能够代表一北一南两地的审判实践？研究一个时代的诉讼制度，单靠一种个案研究的材料是远远不够的，还必须要有一个比较宏观的理论模型，说明个案和整体之间的联系。而恰恰是这一点，构成了黄宗智和滋贺秀三先生之间最大的分歧点。

这种学科方法论反思的缺位，也影响到了对一些具体问题的判断。法官在任何诉讼过程中，都会在浩如烟海的法典中寻找适合当下案件的法律，并且对这些法律适用于当下案件事实进行一番推理和论证。这样一个推理和论证的过程，事实上也就是对法律体系内部的逻辑进行整理和统一的过程，独立法学家阶层的贡献也就体现在这里了。靠着对这种推理和论证过程的公开化以及中立化，法律相对于政治的自主性，也体现出来了。即使黄先生从一种现实主义的精神出发，将西方现代法治中的权利话语从民事审判中剥离出来，也依然无法回避中国传统中此种类型法学缺位这一事实。

当然，我们对于经济史出身的黄先生并不能要求过高。对于这本书来说,更重要的是其对这些诉讼档案和社会学调查材料精湛的分析过程,这种分析充分体现了一个长期从事经济史和法律史研究的社会学家非凡的理论嗅觉和逻辑论证能力。黄先生深厚的学术功底和流畅的理论分析,一定会让中国研究法律的人获益匪浅。但是如何回应韦伯的命题,建构一种并非简单的"一般历史学分支"的中国法制史学科,则任重而道远。

求解中国法治的李约瑟难题
——评《转型中国的实践法律观:法社会学论集》

摆在读者面前的这本书《转型中国的实践法律观:法社会学论集》①乃是我的硕士导师郑永流先生的一本法社会学论集,里面收入了作者从事法学研究以来大部分的法社会学方面的作品。其中既有作者学术成熟时期的代表作品,诸如《法的有效性与有效的法》,也包括作者学生时代的习作,诸如《闪进法学大门的时代使者》和《法律社会学研究之我见》,同时也收入了作者在不同场合对同行学者相关作品的评论,例如对季卫东先生、邓正来先生和张静先生相关作品的评论。作为他的学生,我自认为是最熟悉和了解郑永流先生法社会学作品的人之一,书中所收列的大部分作品,我在学生时代就已经烂熟于心,并且已构成我这些年相关学术思考的一个底色。尽管如此,正如艺术家的艺术展览一样,将作者在不同时间和不同场合所作的带有各种不同时间和空间印迹的思考轨迹

---

① 参见郑永流:《转型中国的实践法律观:法社会学论集》,中国法制出版社2009年版。

编排在一起所形成的作品与作品、时间与空间的对话场域,却展现出了超出单个文本之外的惊奇效果,激起了我重读的欲望,读完之后,又让我忍不住想带着相关问题和作者一起共思,并说点什么。

熟悉郑永流先生的人都知道,郑先生的法学研究乃是从法律社会学研究起步的,按照郑永流先生自己的说法,这意味着郑先生与法学的亲密接触乃是从法学研究的边缘区域开始的。尽管郑永流先生曾经在20世纪90年代针对当时泛滥的法律社会学研究发出"此处离馅还有三十里"的感叹和嘲讽,①但是他却丝毫没有隐藏自己的学术背景,仍然收入了自己学生时期以及早期从事农村社会学调查时所写的几篇法社会学习作。坦率地说,从今天的学术眼光来看,这三篇习作的价值并不是很高,但是却有助于我们查知作者这将近20年来的学术轨迹。郑先生能够在学术思想成熟时期所编写的论文集中收入学生时代的习作,坦白交代自身学术思想的起点和脉络,其中展现出来的学者本色和坦荡胸怀,在我们这个时代的学者中并不多见,而这种学者风骨对于学术传统的缔造和薪火相传,尤其显得弥足珍贵。

当然,真正能够代表郑永流先生早期学术成就的还

---

① 参见郑永流:"安身立命,法学赖何?——法学的'科学性'及自主性散论",《法制日报》2001年1月14日。

是作者根据90年代初与几个同事所做的关于中国农村法律意识调查的研究。即使从今天的立场看,这个90年代初调查的专业水准和问题意识仍然很值得赞赏,如果考虑到当时中国法学研究的环境和相关学科的成熟程度,这种调查就更令人赞叹。可惜的是,由于种种原因,开启于90年代初的这一调查研究并没有持续进行下去,而作者此后的研究和思考,也少有直接涉及中国农村法律发展道路和农民法律意识的实证调查和分析。考虑到中国农村在这将近20年所经历的激烈变化,以及农村问题在中国法制转型和法治建设事业中所占据的特殊重要的地位,这样一种实证的调查和研究若能够持续进行,必然能够给相关的理论探讨提供实质性的帮助。

作者从德国留学归国之后的一系列研究,在问题立场、方法论以及学术趣味上与早期作品构成了一种强烈对比。就问题意识和方法论而言,早期作品基本上是从一种社会学的立场对中国法治建设的一些宏观问题的思考和把握,而1997年之后作者的学术旨趣则逐渐偏向对法律的规范性内涵的揭示和阐明,同时也更注重对法学学科的自主性及其与当下中国法治建设的关系的探讨。此外,一个更加显著的转变是作者对法学方法论自觉的觉醒,这既体现在作者最近十多年对法学自主性、法律解释和适用方法的强调,也体现在作者对当下中国法学研究的西学背景的体认和强调。其中,两篇写于不同时期的评论文章——《知者乐水,仁者乐山》与《雕阑玉砌朱颜改》——之间观点的微妙游移就更值得我们细细品味了。

更值得读者玩味的是,作者由早期法律社会学研究所得来的学术洞察力和问题立场,并没有因为后期规范意识的觉醒和学术重心的偏移而完全消失,反而以一种更加自觉而隐蔽的方式体现在作者后期的一些代表作品之中。这种受益于早期法社会学研究而来的学术洞察力的最大体现,就是作者对当下中国法治所面临的事实性困境的体察和思考。由此而带来的后果便是使得这个时期作者的几篇代表作品具有一种复调的性质,显得复杂而有张力。借用哈贝马斯的概念,我以为这种张力就是现代法律所面临的两种事实性和有效性的张力,即法律的外在有效性与事实性的张力和内在有效性与事实性的张力。借用郑永流老师在北京大学法学院所作一个演讲的标题,我们不妨将中国法治转型所面临的这两个一内一外的有效性难题,概括成中国法治的李约瑟难题。因为将这两个有效性问题具体到中国的语境之中,就意味着对如下问题的求解:如何看待中西方法制/法治文化之间的同和异?在转型期的中国,是否可能通过我们几代人齐心协力的努力,建立起现代西方意义的法治?随之而来的一个问题便是,这样一种建立现代西方意义的法治的努力是否必要?

在我看来,收入在这本书中的几篇作者成熟时期的法律社会学的代表作品,代表了作者求解上述中国法治的李约瑟难题的尝试。《法的有效性与有效的法》处理的是法律的外在有效性与事实性的张力,而《从规范法治观到实践法治观》以及《转型中国的实践法律观》就成了作者处理法律的内在有效性与事实性之间张力的一种值得期待的理论尝试。就我个人而言,这几篇文章乃是这个文集的高潮部分,也是最能够体现作者的学术境界和学术能力的作品。我们要考察作者这些年学术努力的成功和失败,也必须从这几篇论文来判断。而无论成功与失败,这种尝试都理应获得我们的敬意。

所谓的外在的法律有效性与事实性的张力,主要是指"一方面是有效之法的意义蕴涵,另一方面是法律决定在事实上所从属的社会限制"[①],放到中国的语境之中,也就是中国法律所自我宣称的种种规范理念与中国法律实际效力大面积缺失的尴尬对比和艰难局面。所谓的内在的事实性与有效性之间的张力,大致来说,就是"执法过程的事实性和立法过程的提供有效性基础的合法性之

---

① 〔德〕哈贝马斯:《在事实与规范之间:关于法律和民主法治国的商谈理论》,童世骏译,生活·读书·新知三联书店2003年版,第41页。

间的这种内在联系"①,也就是将外在的法律有效性与事实性的张力带到法律适用的过程之中,通过对法律适用过程的性质和法律适用的方法的阐明来化解这一矛盾。经过利益法学和现实主义法学的洗礼,现在几乎所有的法律人都已能够接受成文法律规范无法覆盖千变万化的生活现实,因此规范必然滞后于现实。当这种情况出现时,如何通过法律解释的方法调和规范和现实之间的矛盾,就成了法学家们不得不面对和处理的法律的内在事实性和有效性的问题。郑永流先生秉承德国法学方法论的传统,从亚里士多德的实践智慧和伽达默尔的哲学诠释学获得灵感,强调此时的法官和法学家都应该将目光"在事实与规范之间往返顾盼",运用一种"等置"的法律推理模式,从而最终在法律实践中实现规范与现实的融合一致。这种实践法律观的优点,便是可以通过个案的推动和累积,不断实现法律正义和进步。

当然,这几篇文章最吸引我的地方并不仅仅是作者对中国法律的这两种有效性之间的张力的揭示,以及作者所提供的答案,而是作者通过分析所展示出来的相关问题的复杂性。例如,在《法的有效性与有效的法》这篇

---

① 〔德〕哈贝马斯:《在事实与规范之间:关于法律和民主法治国的商谈理论》,童世骏译,生活·读书·新知三联书店 2003 年版,第 41 页。

文章中，作者令人信服地指出，被许多中国法学研究者预设为前提的国家法与民间法之间的敌退我进的零和游戏和二元对立并不存在，中国国家法的大量失效并没有自动带来民间法的全面胜利，现实的情况恰恰相反，伴随着国家法大面积失效的是传统的民间习惯法更快的自我消解。而当下中国法治建设也必须同时考虑三种有效性，即国家法所蕴含的法律教义学意义的有效性，自然法所代表的伦理意义的有效性以及习惯法所代表的社会有效性之间的冲突和融合的问题。又例如在《村庄治权，赖何生存》一文中，作者通过对张静的《乡规民约体现的村庄治权》中乡规民约的内容和性质的区分，指出当下中国的乡规民约所具有的准国家法的性质，因此与西方经典法社会学中被称为"活法"的民间法存在着实质性的区别，乃是一种介于作为习惯法的"活法"和表现为国法的"死法"之间的独特规范。又例如作者在评论季卫东先生的一个演讲时所揭示的在中国语境下"事实"这个概念所具有的独特而又多元的含义。这些对问题细节的外科手术式的分析，往往能够以小见大，启发读者对相关问题的深入思考，令人回味无穷。

这些细节都表明作者乃是分析和揭示转型期中国法治建设之复杂处境的高手，这既缘之于作者起步于法律社会学研究，后又游学海外多年的特殊学术经历，也由于转型期中国法治建设问题确实是高度复杂的——作为生活在这个转型时代的普通中国人的一分子,作者的视野也必然要受这个时代的局限,因此作者的作品本身就是这个中国法治的李约瑟难题的一部分。这就使得我们对作者的观察进行再观察成为可能,也使得我们在作者的视野之外,也能够看到作者的一些力有未逮之处,因此重新获得对作品进行一种批判性阅读的可能。

例如,虽然作者近些年大声疾呼法学的自主性和法律相对于政治的自主性,并且《法的有效性与有效的法》本身即为这种努力的一部分,但是在该文中作者将中国法律实效性缺失的根本原因归结为权威失落,并且将法律有效运行寄托于权威的支撑,在我看来,恰恰是取消了法律相对于政治的自主性,也混淆了法律教义学意义的法的有效性与政治权威所体现的政治权力合法性之间的重要区分。此外,当代中国政治权威是否如作者所认为的那样,处于缺失状态,中国当代国家法大量失效的原因究竟是权威失落还是当代中国政治体制转型不彻底,也很值得商榷。相对于亚非拉许多第三世界国家由于国家治理失败而导致的大面积饥荒和内战的反面例证,转型期中国有效的国家治理所实现的社会稳定和经济增长被福山等人看作是国家治理成功的典型。另一方面,正如我在另外一篇文章所指出的,中国国家制定法大量缺失实效性的一个更加本质的原因,可能不在于保障其实施的国家权力缺乏民众的足够认同和忠诚感,而在于这种国家权力运作本身对于法律的傲慢和恣意。这种权力相对于法律的恣意和傲慢,也并非由于中国当下面临应激性的现代化转型才有的,而是中国几千年的人治传统的积淀。而这恰恰是我们最希望通过法治建设来加以改变的。如果法治运作不存在一种相对独立于政治的内生的稳定性,而仅仅依靠政治权威来保障法治所要求的稳定性,则这种法治先天地就是脆弱的和不堪一击的。

又例如,虽然从文集整体来看,作者乃是一个坚定的现代化论者,但是作者在处理内在于法律的有效性与事实性的紧张关系时,求助的乃是亚里士多德古老的实践智慧的概念和受亚里士多德这个概念启发的伽达默尔的哲学诠释学思想。我并不是说这种实践智慧概念在当代世界无立足之地,当代的新亚里士多德主义以及伽达默尔在《真理与方法》中所作的工作已经可以完全反驳这种主张。尽管如此,我个人认为伽达默尔,包括深受其启发的拉伦茨和考夫曼等人所强调的哲学诠释学意义的努力,对于化解内在于法律的有效性和事实性的紧张关系来说,仅仅是其他理论进路的一种重要补充,而无法取而代之。这就如哈贝马斯曾经指出的,在伦理学层面上哲学诠释学和新亚里士多德主义只能是康德伦理学以及传统的罗尔斯、哈贝马斯和阿贝尔等种种版本的形式主义和程序主义义务论的伦理学的必要补充，却无法取而代之。因为，如果古今同一，那么现代性又作何解？现代性这个概念首先不就是表明与传统的一种本质性的断裂吗？实践法治观同样也存在着这个问题，因为理论/实践这个概念本身也是一个古老的概念，用来概括现代法律系统的运作时，也很可能会变得有些文不对题。正是在这个意义上，在经历了一段时间的法理学意义的法学方法论研究之后，我对此感到有些意兴阑珊，在理论旨趣上转而从康德主义的当代传人哈贝马斯和罗尔斯以及涂尔干的当代同道卢曼那里寻求帮助，希望能够更加准确地理解法律现代性的真切含义。当然，法律现代性问题是一个过于复杂的问题，并不是这么一篇小小的评论性文章所能够承受的。我只是希望这个无法完全展开的结论性判断能够揭示出郑永流先生学术理路内部所存在的这种不彻底性，当然这种不彻底性并不完全是一件坏事，很多时候理论的创新和发展恰恰是由这种不彻底带来的张力所发动的。至于我个人对这些问题更详细的研究，我已经在其他地方有了详细的交代，今后的系列研究也会在这个问题上多有展开，在此不再赘述。

总之，这本书乃是了解转型期中国法治建设真相的重要作品，也是转型期中国学者试图求解中国法治建设李约瑟难题的重要尝试。因此,作品本身所体现的理论成熟以及作者伴随着中国法治建设和法学场域逐渐形成而成长的学术自觉,都表明对于今后有志于继续求解此一难题的仁人志士来说,这几十万字的心血结晶乃是不可绕开的重要参考——无论作者的挑战是成功还是失败,这都是我们不可多得的财富。而中国法律社会学的学术共同体和学术传统的缔造和形成,就在这种学术的薪火相传中慢慢体现出来。

走向一种"希望"的法哲学
——评《中国法学向何处去》

理想图景、主体性、中国现实这三个词,应该是理解邓正来先生的鸿篇巨制《中国法学向何处去》①的三个最关键的概念。本文力图通过对这三个关键词各自的含义及其相互之间的概念性联系的梳理,来切入对邓文的分析和批评。

邓文没有对主体性这样一个概念进行语义学的剖析,不过通读全书,说主体性这一概念乃是对近代主体哲学所强调的"主体-客体"这一对偶概念的借用和发挥,也不为过。法国哲学家笛卡尔著名的"我思故我在"这一命题,向来被看作是奠定了近代主体性哲学的基础。不难发现,在笛卡尔的这一命题中,主体性乃是与反思联系起来的。可以说,没有反思,就没有主体性。同时,主体的"思"在一定意义上也意味着主体对于主体之外的"客体"的独立和分离。而在笛卡尔之前,在古典

---

① 参见邓正来:《中国法学向何处去》,商务印书馆2006年版。

哲学和宗教哲学那里,主体在一定程度上乃是依附于客体之上的,是上帝所创造的整全世界的一部分而已。邓先生在《中国法学向何处去》中强调中国法学要有自己的主体性,同样遵循了主体性的这两个含义。首先,中国法学的主体性,乃是一种以主权为基础的主体性。在国际政治格局中,拥有绝对的、完整的和不可侵犯的国家主权,乃是一个国家的独立和尊严的根本前提。主权乃是独立性和自主性的前提,但是"主权"这个概念在一定意义上又是一个消极的和防卫性的概念,它仅仅意味着对外力不干涉的保障。这正如当前中国虽然是一个主权国家,但是中国的法学由于缺乏反思性,照搬照抄作为一种"地方性知识"的西方既有的实践经验和学术成果,因此摆脱不了对西方法学传统的依附状态,成为西方法学的"殖民地"。要摆脱这种政治上已经获得了主权独立,而在学术和思想上却缺乏主体性的状态①,那么中国的学术界就必须获得"启蒙",懂得独立自主地运用自己的理性来分析和处理中国自己的现实问题,而不能把这样一个任务推脱给西方人。

因此,在《中国法学向何处去》的开头几章,邓正来先

---

① 需要提请读者注意的是,中国法学对西方法学知识传统的这种依附性的解除,并非意味着西方法学知识传统将被降格成某种"客体",聪明的读者都应该知道本文所谓的"主客体分离"这一类比所强调的具体含义。

生以"权利本位论"和"法条主义"这两个理论范式为个案,对于中国法学毫无反思地沿用了西方法学的既有知识,以西方现代化范式作为中国法学的理想图景的做法提出了尖锐和毫不留情的批评。不过该书的思路并没有止步于此。以苏力为代表的"本土资源论"和以梁治平为代表的"法律文化论"恰恰也意识到了西方经验的地方性与中国问题的独特性之间紧张对立的问题,尽管如此,这两种理论范式仍然遭到了邓正来先生的激烈批评和否弃,原因何在?

关键就在于如何理解"中国现实"这个概念。从哲学上来看,现实并非物与物之间的简单汇聚和罗列,也并非一种现成的等待去发现的东西。无论是本土资源论也好,法律文化论也罢,其最大的问题就在于对"现实"这个概念的理解过于单调了。在苏力和梁治平等人的理论模式里,存在即是合理,即存在着的必定有其存在的历史性和语境性的合理性。他们虽然反对西方知识的必然性和普世性,反对形而上学,而强调文化的多元性和地方性,但是当他们将"中国现实"理解成某种类似于"先行存在的实在"的东西,某种清楚而明确存在的事物时,也即将"中国现实"实证化时,他们已然掉进了他们所反对的形而上学的陷阱而无法自拔了。梁治平念念不忘的文化基因论和文化本质主义,苏力不知疲倦地为"审判委员会制度"和"复转军人进法院"制度辩护,从梁祝的故事里面发掘传统包办婚姻的合法性,并且从方法论的角度提出一种所谓的语境论的研究进路,俱为此种形而上学之具体实践。

由此看来,要坚持中国法学研究的主体性,不但要反思中国法学对于西方法学的依附性,同时也要反思中国法学对于传统的依附性。正如德沃金曾经指出过的,了解历史,可以让我们更加清楚地认清现实,但是并无法正当化现实。而本土资源论恰恰是希望通过解释中国现实的传统维度和历史维度,达到正当化、默认并且凝固当前现实的目的。如此看来,批评苏力的学术研究之保守主义内涵,并不为过。在邓正来先生看来,苏力之所以会犯这个错误,乃是在于他的研究缺乏一种未来维度,缺乏理想的维度——在试图反对和质疑"现代化范式"时,"不是把中国法学思考'中国法律理想图景'的必要性一起泼了出去,就是根本没有意识到这个问题"①。

由此,"理想图景"这个概念就顺理成章地成为该书的一个核心概念。只有引入理想图景这个概念,并且在这个概念的观照之下,我们才能够更加深刻全面地认识和理解当下中国的现实,进而对当前现实进行评价和批

---

① 邓正来:《中国法学向何处去》,商务印书馆2006年版,第81页。

判。反过来说,我们只有贴切而深刻地理解了中国当下的现实,才能够提出一个真正的中国的理想图景。这并非一般学术研究者所力图避免的论证循环,而毋宁说是一种伽达默尔意义上的解释学循环,是对真实世界的一种体认。只有将"当前"的现实同"过去"以及"未来"联系起来,我们才能够明白当下所面临之问题的"来龙去脉",才能够真正认识当下所生活的这个"现实"。而只有深刻地认识和掌握我们当下所生活于其中的这个现实,我们所规划的理想图景才不至于陷入虚无缥缈之中,从而失去其可信度。

这里值得玩味的是邓正来先生对于"理想图景"这个概念的"故意的含糊"。通读邓先生所著的全书,其论证的重点仅仅是强调中国法学发展应该有自己的理想图景,并且这种理想图景并非权利本位论和法条主义所预设的现代化模式的理想图景,但是这种理想图景究竟是什么,邓先生却没有提供一个具体的蓝图。邓先生已经预见到人们一定会提出这个疑问,因此预先给出了一种回答:这样一种提问已事先预设了一种本质主义的倾向,以为存在着某种本质性的、唯一正确的、超越时空的"中国法律理想图景"。而反对这种本质主义思想恰恰是邓先生写作该书的一个初衷。

不过读者们也许仍然对邓先生的这种回答感到茫

然。在此,我想从实用主义哲学的角度对"理想图景"的这个疑难问题作一个补充的论证,期待能够增进读者对这个问题的理解。就反本质主义来说,最成功也最系统的反对,乃是来自以詹姆斯和杜威为代表的美国实用主义哲学传统。对于这些美国实用主义哲学家们来说,是否存在着一个"先行存在的实在"和客观的真理,这并不重要,更重要的是如何"获得对处理我们在实践中遇到的问题所必要的某种理解"①。因此,实用主义哲学是和如下这样一个计划联系在一起的:"用过去和未来的区分取代了永久性结构和过渡性内容之间的古希腊的和康德的二元论。"②而詹姆斯和杜威讨论的恰恰是如何使得下述的前一个使命取代后一个使命:"前一个使命是,以更令人满意的未来代替不令人满意的现在,因此用希望代替必然;后一个使命是,通过追溯不变结构来证明过去习惯和传统的正当性。"③我们看到,在邓正来先生的论述与詹姆斯和杜威的哲学活动之间所存在的一个共同点是,"基于未来且仅仅基于未来考虑其'合理性和正当性'",

---

① 〔美〕理查德·罗蒂:《后形而上学希望:新实用主义社会、政治和法律哲学》,张国清译,上海译文出版社2003年版,第10页。
② 〔美〕理查德·罗蒂:《后形而上学希望:新实用主义社会、政治和法律哲学》,张国清译,上海译文出版社2003年版,第13页。
③ 〔美〕理查德·罗蒂:《后形而上学希望:新实用主义社会、政治和法律哲学》,张国清译,上海译文出版社2003年版,第13页。

而非"通过追溯不变结构来证明过去习惯和传统的正当性"。①

有趣的是,正如邓正来先生对于何为中国法学的理想图景支支吾吾,顾左右而言他一样,无论是古典实用主义者还是新实用主义者,都对"什么是更美好的"这个问题说一些含糊其辞的话。这种"蓄意的模糊性"引起了部分本质主义者的不满,因为他们如海德格尔一样,认为哲学乃是对"清楚而明确的事物的探索,是对充分在场的事物的探索。其言下之意是,那个事物不是遁入无限之未来的东西,而是亚里士多德所谓的'当下',是充盈丰满的在场之在"②。

然而,正如海德格尔无法看懂惠特曼的诗歌,这些本质主义者也无法理解实用主义的内涵。提倡要有一个中国法学的理想图景,同时又拒绝提供一幅本质主义的理想图景,其言下之意,乃是希望中国法学研究者在摆脱和超越西方法学和中国传统之束缚后,能够独立和公开地运用我们的理性和勇气,以想象力为帆,以理性为划桨,驶向一个更加美好的未来。因此,借用罗蒂的一个概念,

---

① 〔美〕理查德·罗蒂:《后形而上学希望:新实用主义社会、政治和法律哲学》,张国清译,上海译文出版社2003年版,第13页。
② 〔美〕理查德·罗蒂:《后形而上学希望:新实用主义社会、政治和法律哲学》,张国清译,上海译文出版社2003年版,第8页。

这种一种希望的法哲学。

如果说,行文至此,我都是以一个理解的同情者角色来解读和分析邓正来先生的《中国法学向何处去》一书的话,那么下面我将在这样一个理解者的立场基础上提出若干批评性的意见与邓先生商榷。

首先,我认为邓先生此书,虽然立意高远,振聋发聩,但是在分析相关具体问题时,似乎略显匆忙,准备不足。这一点最集中地体现于该书第三章"中国法学研究中'中国'的缺位"的写作方式上。在我看来,这一章之所以重要,乃在于它提出了一个相当具体的法学问题,而只有通过对这样一个具体实在的中国现实问题的分析,作者和他所批判的种种对象才能够短兵相接,高下立判。然而,如果说邓先生所批判的法条主义在"中国的消费者权益保护"研究方面是幼稚和盲目的,那么邓先生的研究同样不令人满意。

首先,需要提请邓先生注意的一个常识是,"消费者权益保护"这样一个概念出现于国家正式法律制度之中,乃至于《消费者权益保护法》的出现,在西方也是20世纪下半叶的事情,而对于制造和销售假冒伪劣商品的行为进行打击,这一做法则几乎和人类的历史一样悠久。如何有效地打击和杜绝假冒伪劣商品,在一定意义上是一个重大的决策问题,是一个通过综合运用法律和政治、经济等多种手段才能够达到效果的事情。而对于这样一个高度复杂的政策性问题,消费者权益保护的法律所发挥的作用是相当有限的。因此,《消费者权益保护法》或者关于消费者权益保护的法理研究是否应该为当下假冒伪劣商品的猖獗负责,以及该负多大程度的责任,都是可以大加商榷的。即使有关打假的法律手段中,对于邓先生所描述的那些严重危害农村人民群众生命和健康的劣质食品和药品的杜绝,我认为《刑法》所占据的重要性也要远远超过《消费者权益保护法》,然而在邓先生的分析以及所列举的相关法律法规中,我们却看不到《刑法》的任何踪影。事实上,邓先生在该书的 121 页关于中国假冒伪劣商品所作的两种区分,在中国《刑法》中已经有了相当细致的区分。《中华人民共和国刑法》分则第三章专门用了一节规定"生产、销售伪劣商品罪",其中除了在"第一百四十条"对该罪做了一般性的规定之外,还专门用了八个条款对一些特殊的制造和销售假冒伪劣商品的犯罪进行了规定,而这些特殊性条款中的大部分都是针对邓先生所谓的制造和销售"具有结果性"的假冒伪劣商品的犯罪。如此一来,邓先生所概括出来的三个理由中的第二个似乎并不成立,至少以打击假冒伪劣商品这个例子来说明中国的法律与法规都市化倾向严重这一结论并不成立。

其次,邓先生对于"打假法律越完善,造假案件越泛滥"这一现象所做的分析,确实也过于单薄。如果如邓先生所言,这样一个现状的造成,乃是由于各种各样的宏观、中观和微观的原因合力所致,那么对于这样一个问题的研究,显然需要综合运用法学、社会学、社会心理学、政治经济学等各个学科的研究成果,通过接触和研究大量第一手的案例和数据资料,方可得出结论。对于这样一个具体的现实问题来说,仅仅坐在书斋里面,通过哲学的玄思是远远不够的。

再次,对于中国假冒伪劣商品愈演愈烈这一现实进行政治经济学和社会心理学的分析固然重要,但是对于一个法学家来说,更重要的是考查和标明法律手段在解决这一问题时可能起到的作用和限度。然而,对于这样一个极度重要的问题,邓先生却几乎只字不提。我相信,对于书中邓先生所作的分析,邓先生所批判的那些人并非完全没有认识,甚至也可能是感同身受。问题不在于认识到这样一个问题,而在于如何从法学家的视角对这样一个问题做出回应。[1] 只有做到这一点,邓先生才不

---

[1] 在这个意义上,把假冒伪劣商品愈演愈烈的情况之主要原因归结到"中国在当下世界结构之政治/经济和意识形态等因素冲击下所必须面对的困境"或者地方保护主义的头上,而对法律这一调节手段失效的各种具体原因不做更深入细致的考察,是否意味着推卸作为一个法学家的责任?

至于像他所批评的本土资源论者那样,"在高喊关注中国现实的'口号'声中继续不关注和不研究中国的现实问题"①,被邓先生所批判的法条主义者们也才可能会对邓先生的批评心服口服。②

还有一个并非不重要的细节也值得一提。作者在分析和批判中国法学界关于"消费者权利保护"问题的研究时,其所依赖的材料是 CSSCI 即"中文社会科学引文索引"收录的中国法学核心期刊中所发表的有关消费者权利的论文。③ 我们看到,作者在前面的第一章和第二章以及此后的各章中分析中国法学(或者更狭义地说是中国法哲学)缺乏理想图景这一问题时,却没有用类似的方法直接去统计诸如《比较法研究》《中外法学》这些核心刊物中所发表的那些论文,从而归纳和概括出书中所谓的范式。尤其是考虑到书中所批判的代表权利本位论的张文显、代表法律文化论的梁治平和代表本土资源论的苏力,代表其根本理论立场的许多作品并没有发表在这种所谓的核心刊物上,我们很自然地可以推测说,邓正来先生显然仅仅是因为本书写作的需要而临时关注起来消费

---

① 邓正来:《中国法学向何处去》,商务印书馆 2006 年版,第 49 页。
② 如此,邓先生必须做到比注释法学者们更了解和运用注释法学的方法,才能够穷尽和勘测注释法学的限度,从而使得注释法学者们认识到从注释法学之外的角度来认识注释法学的限度之必要性。
③ 参见邓正来:《中国法学向何处去》,商务印书馆 2006 年版,第 123 页。

者权益的保护问题。对于一个长期观察和跟踪研究中国消费者权利保护问题的法学专家来说,他根本不需要通过这样一种"笨"的方式来讨论中国消费者权益保护的问题。对他来说,中国消费者保护立法和司法中一些微妙的调整,学术界哪些人对这个问题有着真正的理解和研究,目前消费者权益保护问题研究从一种学术的眼光来看,究竟处于一个什么样的发展阶段,这都是了然于心的。我们看到,邓文中所批评的法学研究四种范式的代表人物,他们的学术声誉和影响力都已经大大超越了狭义的法学研究范围,而进入了广义的社会科学研究和政治哲学研究的领域。作为长期以来从事社会科学研究,并且主编《中国书评》和《中国社会科学季刊》这样当时中国最优秀的社会科学刊物的人来说,关注到这些法哲学或者法理学研究者的研究成果,并且进行相对细致的解读和反思是很有可能的。但是对于所谓的法条主义的研究作品,尤其是讨论一些相对具体的部门法、具体制度问题的相关作品,作者是否给予了足够的关注就很成疑问了。例如,方流芳先生对于中国公司法制度的研究,在中国实务界就相当有影响力,也很少有人批判他的相关研究脱离中国现实,而方流芳本人就相当关注个案研究,关注诸如国有企业法人代表的权力和地位这样一些具体问题的研究,而很少讨论一些整体性的问题。① 尽管作者本人与方流芳先生联系相当密切,但是方流芳先生的这种研究旨趣和问题意识,却似乎并没有对作者的相关问题研究产生影响。这在一定程度上表明作者对这个问题的生疏和隔阂。

这样一种隔阂和生疏在某种程度上已经影响到了作者对于所谓的"法条主义"的认识。作者在书中所批判的"法条主义"大致等同于我们日常所说的部门法学,拉德布鲁赫对其有一个更加准确的定义,即本义和狭义的法学(Rechtswissenshaft im engeren und eigentlichen Sinne)②。在西方,这种本义和狭义的法学曾经有着非常显赫的家世和高贵的血统,一直可以追溯到古罗马时期。同时,它也有一段辉煌的历史。如今在中国,它却已经声名狼藉。但需要注意的是,这种本义和狭义的法学并无法和以"立法主义"为特征的实证法学画等号,同时也未必是僵化移植其他民族地方性经验的产物。在英国普通法的发展和形成阶段,这种狭义和本义的法学与古老的自然法理论一体共生,而边沁等人的实证法学的出现,恰

---

① 显然,方流芳先生要评价中国公司法的实践和理论研究现状,不会也不必像邓先生这样通过对CSSCI即"中文社会科学引文索引"收录的中国法学核心期刊中所发表的相关主题的论文来进行。
② 转引自〔德〕罗伯特·阿列克西:《法律论证理论》,舒国滢译,中国法制出版社2002年版,第311页。

恰是要剥离两者之间的这种一体共生的关系。① 德意志民族的封建法与罗马法大异其趣,但是这并没有妨害德意志民族继受罗马法的概念和术语体系,对其加以锤炼和改进,用其来概括德国本民族的习惯法和实践经验,从而把德意志民族的法学提高到一个新的世界性的高度。并且,按照卢曼的分析,这种有时候也被德国法学者称为"法律教义学"的本义和狭义的法学,未必总是保守和对现实反应迟钝的。相反,恰恰因为有了法律教义学这样一套严密和精细的分析工具,法官和律师们才能够对其所遭遇的各种案件事实做出灵敏的反应。因此,卢曼认为法律教义学对今日法律家的意义"并不在于确认原既存者,毋宁在其能保有批判所必要的距离,能组织一些考量、理由、关系权衡,借助它们才能超越直接的法素材,对之加以审查、整理,使其适于应用"②。由此看来,说"法条主义"必然蕴涵着实证法倾向,或者必然蕴涵着现代化范式的预设,显然也欠缺必要的考量。

如此看来,一个长期站在法学共同体之外生活和思考,刚刚进入法学共同体不久的学者,其是否真的能够和

---

① See Gerald J. Postema, *Bentham and the Common Law Tradition*, Clarendon Press,1986.
② 转引自〔德〕卡尔·拉伦茨:《法学方法论》,陈爱娥译,商务印书馆 2003 年版,第 108 页。

中国法学共同体感同身受,并在此基础上提出一种尖锐的自我反思,就很值得怀疑。而法学作为一门古老的学科究竟能否作为社会科学的典型,以及对中国法学的反思是否可以带动对整个中国的社会科学的反思,其中都有相当的讨论空间存在。

当然,也许如东坡先生所言,"不识庐山真面目,只缘身在此山中",恰恰是因为邓先生不受法学这一具体学科的限制,他才能够从一个更加宏大的视角了解到中国法学所存在的一些根本性缺陷。但是,古人有云,"入乎其内,又出乎其外",如何既能够切身体会并坚持法学内在的裁判视角的优先性,同时又能够突破具体法学学科知识的局限,结合当下中国的具体时代背景来研究相关问题,也许也是立志成为一个中国法哲学家的邓先生今后需认真对待的一个问题。

建构中国司法研究的场域

经过北京大学出版社和三位译者两年多的共同努力,亨利·J. 亚伯拉罕教授的经典著作《司法的过程》第七版的中文版终于得以奉献给国内学界分享。① 对于亨利·J. 亚伯拉罕这个名字,国内学界或许并不陌生。他是美国弗吉尼亚大学政府学教授,在美国宪法基本权利研究领域和司法制度研究领域早已是众所公认的权威。早在20世纪80年代末,亚伯拉罕教授的另外一本经典作品《法官与总统》就已经被商务印书馆组织翻译成了中文。② 当然,

---

① 参见〔美〕亨利·J. 亚伯拉罕:《司法的过程》,泮伟江、韩阳、宦胜奎译,北京大学出版社 2009 年版。
② 参见〔美〕亨利·J. 亚伯拉罕:《法官与总统》,刘泰星译,商务印书馆 1990 年版。如今该书的英文原版也已经出到了第四版,书名也做了调整,变成了《法官、总统和参议员》,这个名字更加切合法官任命过程的实际情况。参见 *Justices, Presidents, and Senators: A History of the U.S. Supreme Court Appointments from Washington to Clinton*, Rowman & Littlefield, 1999. 不过该书在中国学术界产生的历史效果并非体现于中国的宪政理论和实践,反倒成了国内政治学界批评美国政治的虚伪性时所经常引证的一本著作。当然,严肃的科学研究被翻译和引进之后,在学术自身的场域内部并没有带来译者所期待的反响,反倒产生了政治上的外部效用,在一个功能未完全分化的总体化社会中早已是司空见惯之事。

亚伯拉罕在国内法学界的知名度主要还是来自这本《司法的过程》。许多从事西方法制史、比较法学和司法制度研究的学者主要还是通过这本书的英文原作来认识和熟悉亚伯拉罕教授的，这本书是他们从事相关研究所经常参考和借鉴的一部作品。

最近十多年来，国内法学界对西方法学经典文献的译介逐渐增多，渐成规模，并且逐渐突破了法学专业学科的界限，引起了整个人文社会科学领域的关注和重视，在一定程度上形成了整个民族的新的思想资源和精神财富。法学和经济学这两门学科也在一定程度上构成了中国知识界和舆论界讨论当下中国所面临的各种重大问题的重要知识背景（甚至可以说是前提条件！），各种法律原则和法律概念也成为人们在日常生活中理解和评价当代中国社会现象和中国政府工作的重要工具。在这种意义上，优秀的法学译著在一定程度上起到了开启民智、提高公民素质的启蒙作用。

美中不足的是，排除部门法中对各种具体法律制度的研究，那些既在本专业能够获得高度评价，同时又被整个人文社会科学知识界所认同的法学译著中，思想性的学术译著较受青睐，而研究和介绍具体制度的作品则较少受到关注。当下中国改革所面临的问题千头万绪，的确需要我们在思想意识的层面打破僵局，突破界限，获得思想的启蒙和解放。但是同样重要的是,任何再宏伟的理想也要依靠具体的制度和实践得到实现,任何高妙的思想,也必须具体外化成各种各样的现实的制度形态和合作方式。思想解放固然重要,却必须将思想解放所取得的各种新的共识凝固成可以操作和执行的具体制度。当下中国发展日新月异,许多问题的解决或许等不到思想观念完全取得共识的那一天,因此对于某些问题来说,暂时将一些抽象的理论之争搁置一旁,回避意识形态之争,根据实践需要设计出各种新的合理制度,再根据制度运作之实践效果来化解观念之争,或许也是一种更加切合当下中国实际的做法。

这种风气在一定程度上也影响到了我们对于西方国家司法制度的研究。目前国内关于司法权的研究和论述,基本上散见于政治哲学、宪法学、诉讼法学、比较法学、法理学与法史学的各种材料中,我们缺乏一种具有相对独立性的、以司法权和司法制度为主要研究对象的、综合运用多种学科视角的司法学。综观当下中国司法研究的现实,让人不得不生作者在30多年前该书初版时所发之感慨:"大部分刚刚入门的政治学的学生甚至是高年级的学生普遍缺乏最基本的关于司法过程的知识,同时我们也看到同样令人吃惊的是很难获得能提供该领域最基本数据的可用材料。"[①]

与这种研究滞后形成鲜明对比的是,司法权和司法制度在当下中国的社会结构中似乎获得了前所未有的重要地位,国人对于司法权在这个社会结构中发挥的功能和作用,也似乎抱有了前所未有的高度期待:人们对正在制定的新版《民事诉讼法》要降低诉讼门槛的改革寄予了厚望,期待法官因此能够在解决劳动纠纷和拆迁等当代疑难问题时做出更大的贡献;检察院和大学里的教授们跃跃欲试,希望在中国建立公益诉讼制度,从而使得法院能够以一种司法的手段在环境保护问题上扮演着更加核心和积极的角色;最新修改的《公司法》和《破产法》,也都试图强化法院在破产管理人指定和公司治理方面的角色;政治学的学者和宪法学者则一直企望在中国建立一种类似于美国或者德国的违宪审查的司法机制,以限制立法机关和行政机关的权力,保护人权,促进民主制度的良性运行。

这种对司法的性质、界限乃至于司法运作机制之系统探讨和研究的缺乏,与人们对司法所寄予的过高期望,形成了相当鲜明的反差。这样一种反差让人不禁产生了一种强烈的忧虑和不安。越来越多的国人认识到,一个

[①] 〔美〕亨利·J. 亚伯拉罕:《司法的过程》,泮伟江、韩阳、宦胜奎译,北京大学出版社 2009 年版,"初版序"。

能够确保公正裁判,并且能够有效应对挑战的司法机构,对于一个国家法治建设的成败,具有关键性的意义。在一定程度上,这样一个司法机构也能够保障民众对于法治的信心。正如本书所引的范德比特大法官先生(Mr. Jusitice Arthur T. Vanderbilt)所总结的:

> 我们的公民首先是在法院里,而不是在立法机关中首先感受到了法律那锋利的爪牙。如果他们尊敬法院的工作,他们对法律的尊敬就能够使得任何其他政府分支的缺陷得到谅解;但是如果他们对法院的工作失去了敬意,那么他们对法律和秩序的尊敬就会消失不见,并同时对整个社会造成极大的损害。①

如果放任这种反差长期存在并且不断发展扩大,或许很可能使得中国的民众对"司法"这个概念和"司法"这种国家权力由无限期待转向了无限失望和厌倦,进而对法治这个概念和这样一种国家治理方式产生了厌倦和怀疑。

---

① Arthur T. Vanderbilt, *The Challenge of Law Reform*, Princeton University Press, 1955, pp. 4-5;转引自〔美〕亨利·J. 亚伯拉罕:《司法的过程》,泮伟江、韩阳、宦胜奎译,北京大学出版社 2009 年版,第 1 页。

类似情况在中国近代历史上已经屡见不鲜。只要我们回顾一下五四时期中国人是如何热烈欢迎和拥抱"民主"和"自由"这些概念,而后又是如何经过一段历史演变后谈"民主"和"自由"色变的,便不难领会到我的这种担忧。事实上,这种担忧在一定程度上已经成为正在到来的现实。伴随着对司法制度高度期望的是一直存在的对于现实司法裁判之不公正、无能和低效的失望和讽刺。

无论是对于当下中国各种难题的解决,还是对于未来中国中长期的发展,法治建设都具有一种潜在的和根本的重要性。因此,建构一种建立在交叉学科基础上的司法学,就成为必要而急迫的任务。一方面,我们需要中国的霍布斯、孟德斯鸠和汉密尔顿们,就司法权在整个政治权力结构中所处的地位和性质,从原理的层面进行思考和推演。同时,我们也更需要有人像美国的开国之父们那样,将抽象的司法权观念落实为具体的司法制度和司法过程,并且建立专门的研究机构来观测这样一个司法机构运作的效果,以及可能出现的问题。

在这些方面,《司法的过程》为我们树立了非常良好的榜样,这是一门专门研究和介绍美国司法体制的专题性和教材性的著作。作为一本专题性的著作,该书对于美国司法制度的研究系统、全面和深入,涉及了美国司法过程所有最重要的方面。作为一本教材性的著作,该书的语言通俗流畅,深入浅出,风趣幽默。正是由于作者对于美国司法过程长期、深入和一以贯之的研究,该书在比较法学者中大受欢迎,被看作是研究美国司法制度最可靠的经典文献之一。

的确,很少有人像亚伯拉罕教授那样,几十年如一日,坚持不懈地收集、观察和分析关于美国司法制度的各种材料和数据,既能够对整个司法结构的全局及其在整个宪政体制中的位置有着相当准确的把握,同时又不放过哪怕司法制度运作之中最不起眼的一个细节。当该书初版时,作者将他献给他刚刚出生的第一个儿子,而当这个第七版问世时,作者的儿子已经是一个成功的律师,并且育有两个子女了。如今,亚伯拉罕已经垂垂老矣,早已从教授席上退休,但据说该书的第八版又在积极酝酿之中。岁月流逝,而亚伯拉罕教授对美国司法体制的忠实观察和思考,却始终如一。

翻开该书,我们发现书中关于美国司法过程的各种数据随处可见,尤其是关于美国最高法院法官的数据,更是纤毫毕现,完备得不得了。这些数据既涉及法官的工资标准问题,也涉及诸如上诉率、案件量的增长或者变化,以及法院的分布和设置,等等。可以说,正是由于有了这些关于司法过程的种种真实可靠的数据,美国司法机构的工作对于大部分普通美国公民来说,才是值得信赖的。同时，通过对这些数据的分析和研究，司法制度也就具有了更强的自省能力，能够通过自我调节而变得更加公正和有效。

我们需要这样一本研究性的和教材性的关于中国司法过程的专著。一方面，我们需要这样一本研究性的专著，具有宏观的视野，能够收集和总结当下国内司法过程研究所积累的所有重要的数据、材料和文献，将其整理成一种系统性的学问，从而比较完整地呈现国内司法过程研究的现状，为今后进一步的研究提供指引。当然，我们法学院的学生、其他相关学科的研究者也亟需这样一本可靠和通俗的教材，来了解我国司法过程运作的完整和真实的图像。对于一般的知识阶层来说，这样一个完整的司法过程运作的图景也是相当有意义的，因为这能够拉近司法机构与普通大众的距离，让人们对司法过程运作的规律和特征有所认识，从而能够大大普及法治理念和公民教育，如此一来，一旦出现判决结果与普通民众预期不相适应的社会热点案件，这些作品一定能够大大增进普通民众对于司法机构工作的理解和宽容。

我们更需要一种能够激励和刺激中国的司法过程研究，并且能够将各种司法过程研究者聚集在一起形成一种司法研究的合力的场域。这个研究场域包括创立一份或者多份以司法研究为核心的刊物，在各个法学院开设一门专门以司法制度和司法理论为研究对象的课程,定期或者不定期召开以司法制度为主题的学术会议,以及在大学和司法机构内部设立各种专门的研究机构,通过定期的调查和研究来获得关于司法过程的各种数据。这样一种司法研究场域的创设,显然也能够有效地增强法学教育、法学研究和司法实践之间的沟通和了解。我们也希望该书的翻译,能够为建立这样一个司法研究场域提供一个推动力。

当然,法治发达国家司法制度运作的规律和各种经验教训,以及思想家和学者们的各种思考与研究,的确是我们重新构建中国司法制度运作原理和制度结构的重要参照,但也不过是一种参照。从这个角度来讲,我们不但要观察他们司法系统的运作,同时也要对他们自己对司法系统运作的观察进行观察。由于所处的观察点的不同,面临的问题和语境的不同,或许我们能够将他们的观察和思考推进到一个更加开阔的视域之中,从而不但获得了启发,也贡献了我们的经验和智识。至于是否能够达到这样的效果,端赖译者和读者们的同心合力了。

迟来的理论馈赠
——评《法律与文化：法律人类学研究与中国经验》

收到朋友寄来的赵旭东先生的新著《法律与文化：法律人类学研究与中国经验》[①]，欣喜异常。略显遗憾的是，这是一本比期待中来得稍晚一些的佳作。当然，更多的是感到欣喜——国内终于出现了一本有分量的系统评述西方法律人类学研究传统的作品。浏览书中内容，难免想起十多年前中国法律人类学研究的盛况。十多年过去了，中国法律理论界关于法律移植与本土资源的争论渐渐平息，当年提倡法治本土资源，并身体力行深入乡土社会进行人类学实证调查的许多代表性学者，也逐渐将理论的视野与兴趣转向其他领域。十多年的理论争论，固然沉淀出了许多有分量的成果，但同时也意味着对这个话题，已经没有更多的话可说了——说得尖刻一些，这暗示了相关论域可深入挖掘的空间和资源也有些枯竭了。然而围绕法律移植与法律改革的争论所牵扯出来的

---

① 赵旭东：《法律与文化：法律人类学研究与中国经验》，北京大学出版社2011年版。

一些重大理论问题,却并未过时,反而随着中国社会转型的加速和深化,变得更加尖锐而迫切。

这意味着当年那场争论虽然激烈,却是明显不足的。其中最大的不足,或许是争论双方都过于看重某些概念和固守的立场姿态,反而缺乏对自身所倚赖的理论背景的自觉和反思。这倒应了苏力和强世功当年多次提到的那个"富矿"比喻:"中国的历史和现实为做学问的人准备了一个'富矿'"①,"然而我们不加小心地乱开采也许破坏的是地下的学术矿脉"②。当意蕴丰富的理论争辩变成了不断自我强化的立场划分时,理论意蕴的流失和学术空间的萎缩便难以避免了。

赵旭东先生的这本新著可以被看作当年那场争论的一个回响。这是因为作者当年也参与了这场理论争辩,并在书中留下了时间的印记,从而不仅能引导我们重新回顾和反思中国法律理论界的这一重大事件,也为话语空间的重新开启提供了新契机。与作者之前以《权力与公正:乡土社会的纠纷解决与权威多元》③为代表的系列实证研究不同,该书并不着力于对中国乡土社会的法律

---

① 苏力:《法治及其本土资源》,中国政法大学出版社1996年版,第VIII页。
② 强世功:"暗夜的穿行者——对《法治及其本土资源》的解读",载贺照田主编:《学术思想评论》(第3辑),辽宁大学出版社1998年版,第339页。
③ 赵旭东:《权力与公正:乡土社会的纠纷解决与权威多元》,天津古籍出版社2003年版。

与秩序的实证调查与阐释,而是将费孝通以来的中国法律人类学研究放到整个西方人类学与法律人类学研究的传统中进行重新审视。

该书第一章"法律人类学与文化自觉"系统而细致地评述了自1954年霍贝尔《原始人的法》①以来整个西方法律人类学学科发展的脉络,提炼出了法学家"以法律规则为中心"的法律人类学与人类学家"过程论"的法律人类学两条不同的研究路径和理论范式,大大地拓宽了中国法律人类学研究的视野。无论是法学家的人类学还是人类学家的人类学,"原始法律"都是他们关注的核心和焦点。原始法律"是比照现代西方的法律的观念所提出的一个对照性的概念",对于法律人类学研究具有基础性的意义。该书第二章就将这一概念放到整个西方人类学的传统中进行分析,其精华在于详细地讨论了法学家与人类学家之间,以及人类学家内部关于法律概念理解的实质差异。这种差异,只有被放到秩序与权威等更宏大的人类学视域中才能够被真切理解。略显遗憾的是,这一章在处理法律概念、原始人的亲属制度和财产制度时,几个主题之间的切换显得很突兀,相互之间的联系也不明显。所幸第三章"法律与社会控制"接续了第二章的思

---

① 〔美〕霍贝尔:《原始人的法》,严存生等译,法律出版社2006年版。

考,在同样宽广的视域中系统地交待了作者对相关问题的思考。这一章可以被看作是全书的最高潮。因此,从这一章的讨论也可以大致看出作者自身的理论关怀及其在整个法律人类学传统中的谱系。第四章"纠纷解决与法律多元"可以看作是作者研究的深化,这一章也是作者将自身的法律人类学研究对象明确化的过程。

从该书安排的逻辑顺序看,余下各章似乎是作者之前各章所建构之理论应用到中国现实的成果。但从时间先后顺序看,这几章其实是作者之前十多年法律人类学实证研究的成果,因此我更愿意将该书前四章的理论评述部分看作是作者对自身十多年法律人类学研究的反刍。该书这两部分之间的脉络和对应,也可以被看作是该书与之前法律理论界围绕法律移植与法律多元所展开的那场旷日持久争论的一个对话。

作者将写于不同时期的这些风格各异的文章编辑在一起,使得该书呈现出令人惊异的理论效果。作者自身围绕中国乡土社会的秩序和纠纷解决所展开的系列实证研究,与作者着重评述的组成西方法律人类学研究传统的那些经典著作之间,产生了许多有趣的化学反应。从字里行间可以看出,作者自己并没有体会到自身研究与这些经典著作之间也存在着许多微妙的实质性差异。而本书略带浪漫色彩的前言一定程度上掩盖了这种差异和裂缝的存在及其理论上的意蕴。

与中国众多的法律人类学研究者一样,作者丝毫不掩饰自己对现代西方法治的怀疑和敌意。此类情绪和见解在书中随处可见。然而这与作者对西方法律人类学传统的梳理所体现出来的理解并不一致。例如,作者在第二章评述原始法律概念时,强调原始社会法律与现代社会法律的实质性差异,同时在第三章将这种实质性差异归结到社会结构的复杂性程度的差异上,并且以 Robert Rouland 概括的四种社会结构和法律分层的清晰图标作为最后的落脚点。这已经强烈暗示了法律现代性的主题,与作者自身所持的反现代性的法律文化立场就有了实质性的偏离。反过来说,作者的法律文化论立场又阻碍了作者将正在分崩离析的中国乡土社会的法律秩序与当下中国正在激烈进行的社会形态的转变联系起来进行考察。缺乏对当代中国社会转型及其与中国法律变革联系的整体思考,是该书系列研究的最大缺憾。

这一切都表明了作者自身理论立场的游移和分裂。这种游移和分裂在某种程度上也是中国法律人类学研究传统的先天缺陷。毋庸讳言,法律人类学在中国法理学的知识系谱中占据着一种特殊的重要地位,这大概与中国当下所处的时代状况有关。自清末沈家本推行法律改革以来,改革中国传统法制、移植西方现代法治虽步履维艰,却是大势所趋。一百多年的法律改革与法律移植,结果却不免让人摇头叹息。旧法制所代表的传统礼治秩序确实在轰轰烈烈的法律改革中被冲击得七零八落,但新法治却似乎迟迟未建立起来,至少成效甚微。一个多世纪以来,中国人没有享受到新法治所许诺的种种好处,反而因两种法制的罅隙和冲突变得有些无所适从。对此,费孝通60多年前在《乡土中国》中做了非常精彩的描述和分析。[①] 生活在转型期的中国人,在面对法律改革的这种混乱局面时,难免都会怀疑现代西方的法治是否适应中国这一方水土。无论是中国的知识阶层,还是普通民众,都对清末以来这种以移植现代西方法治为核心的法律改革充满了困惑和怀疑。甚至可以说,这种困惑和怀疑,构成了中国人对现代西方法治的第一经验。因此,在众多的西方法理论流派中,当中国的法学研究者看到提倡法律多元和强调法律文化背景的法律人类学时,难免感到一阵阵的亲切。

费孝通先生最早系统而清晰地阐述了这一困惑和不理解背后的文化与社会结构的差异,因此成了中国法律理论源源不断的灵感源泉。20世纪90年代中国法律人类学的复兴,很大程度上就是对费孝通当年透析出来的

---

① 参见费孝通:《乡土中国》,生活·读书·新知三联书店1985年版,第59页。

中国法律现代性的第一经验的回归和致敬。

然而,对西方人类学研究传统的这种欣然接受也使得我们错失了理解西方现代法律传统的契机。不理解现代西方法治以及中国当下所经历的社会转型,也就很难理解传统中国的法律、秩序和文化及其在即将到来的新世界中的地位。作者自觉地将自己的研究归入费孝通先生奠基的中国人类学研究传统之中,并引用费孝通先生论"文化自觉"的一段话作为点睛之笔。然而,恰恰是费孝通先生晚年的这段话,既可以被看作是他对自己毕生研究的升华,也可以被看作是对该书不自觉流露出来的文化悲情的宽厚批评:

> 文化自觉是一个艰巨的过程,首先要认识自己的文化,理解所接触到的多种文化,才有条件在这个已经在形成中的文化多元的世界里确立自己的位置。①

---

① 费孝通:"反思·对话·文化自觉",《北京大学学报》(哲学社会科学版)1997年第3期。

部门法研究对中国法理学的可贵贡献
——兼谈如何理解中国法治困境

几乎不约而同的,当代中国行政法领域的两位最值得关注的年轻学者,各自出版了问题意识相互交叉,思考方向也几乎一致的法理学著作。遗憾的是,这两部著作却没有引起中国的法理学研究者足够的重视。这两部著作分别是清华法学院何海波先生的《实质法治:寻求行政判决的合法性》[①]与北大法学院沈岿先生的《公法变迁与合法性》[②]。说这两本论著的问题意识相互交叉,指的是两本著作的问题意识,都集中在当代中国法律转型过程中行政法领域的司法判决的合法性问题上;说这是两部法理学著作,是因为两位作者都不满足于传统的行政法教义学的技术化探讨,而是对各自论述的主题在法律理论的层面进行了深入的反思,并都指向了当下中国法治的某些根本性的困境,巧合的是,两位著者对这些困境的分析又用了西方法理学和政治哲学中相同的分析工具,

---

① 何海波:《实质法治:寻求行政判决的合法性》,法律出版社 2009 年版。
② 沈岿:《公法变迁与合法性》,法律出版社 2010 年版。

并且思考的路径和方向,又惊人地一致。当然,在具体问题的分析、问题结构的把握以及论证立场的选择上,两位学者之间仍然存在着深刻的分歧,这表明尽管两位学者相互熟识,却不必怀疑两部作品都是各自独立研究的成果。因此,这样一种论域和思路的高度重合性,并非出于偶然,而带有某种必然性。它深刻地反映了最近十多年中国法学发展的成就,同时也更清晰地展现了当下中国法学研究中所存在的瓶颈。无论如何,这样一种高质量的打通部门法的教义学研究和法学理论研究的艰苦尝试,在部门法学者的研究中是很稀少的,理应受到法理学研究者的重视,并且做出热烈回应。

从学术史的角度看,何海波和沈岿的这两本著作,体现了20世纪90年代以来逐渐成长起来的年轻一代法学研究者逐渐形成了独立和自主的学术反思。这一代学者与20世纪70年代末接受法学教育,并且在20世纪90年代形成学术影响力的那一代学者不同,他们所接受的法学教育相对来说比较完整和系统,拥有比较规范和成型的法学院的训练,对于各自部门法研究领域的问题结构有着完整而系统的掌握(当然,这样一种法律思维的训练同样带有自我训练的性质,但是在他们求学期间中国法学整体结构已经成型,并且各种学术资源也相对充足和完备,因此他们的学术训练即使带有自我训练的性质,也是足够的)。因此,他们对中国法治建设和法学研究的反思,与较前那一代学者相比,具有一种冷静的气质,更少的浪漫主义色彩,他们的研究和写作也更显得规范化和细致化,往往是从对一些部门法中经常遇到的具体的重要问题的反思开始的。从这个角度来说,这些有着深厚部门法学功底的学者所进行的法理学思考,虽然缺乏成熟法理学著作中常有的那种思维的狡黠和锐利,以及更为广阔宏观的理论视野,却拥有更重要的一个品质,即朴实和扎实,因此更值得重视。而此前一辈的法理学研究者,更多是从更宏观的所谓"中国问题"的立场,从一种社会学或者政治哲学的角度,由外而内地俯视法理学问题的。打个不恰当的比喻,这一代法学研究者的法理学思考,是一种基于内在视角优先的前提来反思法理学问题的,而上一代的专业法理学研究者,却是在一种不得其门而入的状态下,不得不基于外在视角的角度来思考中国的法治建设问题。因此,他们的问题意识更像是一种法治的内在自我反思。作为一位从事法理学研究的年轻人,我更愿意我的批判性评论能够促进这样一种法理学研究的品质更进一步地提升,因为这批学者才是真正推进中国法学和法治建设的中坚力量和未来希望。

一、对形式法治的怀疑与反思

两本专著有着类似的主题和关注,即在中国语境下对形式法治的突破和对实质法治的追求。更有趣的是,两个案例,即田永诉北京科技大学案和刘燕文诉北京大学案,都构成了两位学者论证各自论点的重要支持。略有差别的是,在沈岿的著作中,田永诉北京科技大学案具有更重的分量,而且沈岿主要是从行政诉讼被告适格的角度来阐释该案的,而何海波则更重视刘燕文诉北京大学案,并且基本上是从正当程序的司法适用的角度来切入对两个案件的分析的。当然,这只是论述侧重点的区别,沈岿在著作中同样关心刘燕文案,并有专章讨论,分析中也涉及正当程序的问题,[①]而何海波也同样关注行政诉讼受案范围的问题,第二章关于撤诉的讨论以及第三章第一节对相关问题的讨论也非常详细。[②] 按照两个案例发生的先后顺序,我们不妨先从田永诉北京科技大学案开始来讨论沈岿著作的论证思路。田永诉北京科技大学案的案情是这样的:

[①] 参见沈岿:《公法变迁与合法性》,法律出版社2010年版,第127—177页。
[②] 参见何海波:《实质法治:寻求行政判决的合法性》,法律出版社2009年版,第60—103页。

田永是北京科技大学应用科学学院物理化学系的 1994 级本科生。他在 1996 年 2 月 29 日参加电磁学补考过程中,随身携带有电磁学公式的纸条,中途去厕所时,纸条掉出来而被监考老师发现。北京科技大学因此于同年 3 月 5 日按照 1994 年制定的校发(94)第 068 号《关于严格考试管理的紧急通知》第三条第五项"夹带者,包括写在手上等作弊行为者"的规定,认定田永考试作弊,并根据第一条"凡考试作弊者,一律按退学处理",对田永作退学处理决定。然而,该处理决定并没有直接向田永宣布和送达,也未给田永办理退学手续。田永继续以大学生身份在该校学习和参加学校组织的活动,并且最后成绩全部合格,通过论文答辩。然而学校最终没有颁发田永毕业证书和学位证书,并不为其办理毕业派遣手续。田永最后于 1998 年 10 月 19 日向海淀法院起诉,要求北京科技大学为其颁布毕业证书、学位证书和办理毕业派遣手续。海淀法院受理了该案,并且最后判定田永胜诉,并判定北京科技大学应该向田永颁布毕业证书,并组织对田永的学士学位资格的审查。①

---

① 沈岿:《公法变迁与合法性》,法律出版社 2010 年版,第 102—114 页。

沈岿认为该案的关键是行政诉讼的受案范围的解释问题。在田永案之前，学校从来没有成为行政诉讼的被告。而法院在审理过程中，也对大学能否成为行政诉讼被告的问题有着激烈的争议。按照《中华人民共和国行政诉讼法》第二十五条的规定，只有行政机关才能够成为行政诉讼的被告。然而，该条第四款也规定当行政诉讼涉及"由法律、法规授权的组织所作的具体行政行为，该组织是被告"。大学是否属于这种"由法律、法规授权的组织"，北京科技大学所作出的开除田永学籍的决定是否属于《行政诉讼法》中所言及的具体行政行为，就成了该案的焦点问题。这些问题涉及对何谓行政行为，何谓法律、法规授权的组织等《行政诉讼法》基本概念的解释和适用问题。虽然相关法律规范早在十多年前就已正式成为成文法的内容，却一直到田永案才真正落实到司法实践。这与中国高等教育最近十年急速扩张有关。由于中国高等教育事业的急剧扩展，涉及大学的教育行政管理方面的争议也越来越多，通过法官对法律条文中的一些抽象概念和剩余条款的解释，法律能够有效地回应社会变迁的挑战。因此，沈岿强调司法应该对社会变迁保持一种开放和反思的态度，并且通过开放和反思的司法裁判来加强司法判决的合法性。这样一种开放和反思的司法裁判，更强调的是司法裁判的"可接受性"（legitimacy),而非形式主义的"合法律性"(legality)。沈岿因此区分了两种形式法治,一种是以合法律性为最高宗旨的旧的形式法治,另外一种是以可接受性为内涵的开放而反思的形式法治,也就是他所提倡的理想法治。① 在此基础上,他提出了开放反思型的形式法治的五个要义:

1. 形式法治仍然是重要的。考察政府行为的可接受性,在相当程度上仍然是判断政府行为与规制该行为的实在法的一致性。
2. 实在法具有假定的可适用性。
3. 实在法可适用性的假定,应当建立在开放的实在法建制过程的基础之上。
4. 实在法的执行,也应当与一个开放的过程紧密勾连。
5. 针对实在法本身以及实在法执行结果的异议,应当由一个富有意义的反思过程予以处理,并通过该过程,使有关的政府行为获得一时的可接受性。②

与沈岿相比,何海波走得要远得多。何海波的专著是在他的博士论文的基础上修改而成的,而这篇博士论

---

① 参见沈岿:《公法变迁与合法性》,法律出版社2010年版,第3—26页。
② 沈岿:《公法变迁与合法性》,法律出版社2010年版,第21页。

文则又必须被放置在他与同窗好友何兵所共同代理的刘燕文诉北大案的背景下,才能够得到更好的理解。因此,在进入何海波的正式问题结构之前,稍费笔墨回顾一下刘燕文案,或许是必要的。何海波在书中,就有一段对该案案情的精当的概述:

> 刘燕文是北京大学无线电专业的博士生。他的博士论文经过论文答辩委员会答辩通过,系学术委员会通过,却被来自全校各专业的学位评定委员会否决。几经周折后,刘燕文的案件在北京市海淀区法院获得立案。与前面讨论的田永案不同,刘燕文案件涉及的博士学位论文评审是一个高度技术性的作业,法院没有能力也不适合从实体上审查刘燕文的论文是否达到博士学位水准。原告刘燕文本人在辩论中强调学位评定委员会不予批准是由于个别委员恶意报复,但是这一点很难在法庭上得到查明和确认。于是争议的焦点落到了博士学位评定的程序上。特别是,校学位评定委员会否决答辩委员会的决议,既没有听取刘燕文的答辩或申辩,也没有给出任何理由,甚至没有把决定正式通知刘燕文本人。[①]

---

① 何海波:《实质法治:寻求行政判决的合法性》,法律出版社 2009 年版,第 142 页。

刘燕文案件的代理律师何海波与何兵选择了正当程序瑕疵问题作为代理词的主题,强调北京大学"校学位评定委员会既没有能力也没有时间对全校各学科的博士学位论文进行实质审查,现有的评审机制不能保障学位评定的公正,完全存在滥用权力的可能。作为补救机制,校学位评定委员会在否决答辩委员会的结论之前,应当给刘燕文一个陈述和申辩的机会,否决的决定应当说明理由"①。并强调:"尽管没有一条法律条文明确要求这样做,但法律的正当程序要求这样做!"②正当程序的概念因此成为刘燕文案胜诉的奠基石。原告代理人之一何海波的6000多字的代理词,其中就有4000字的篇幅在阐述正当程序的概念。③

"经过两次庭审,海淀法院当庭宣判,支持了原告的诉讼请求,认定被告的决定违法,并责令北京大学学位评定委员会对刘燕文的博士论文进行重新评定。"④

刘燕文的胜诉以及所获得的法学学术界和法律实务

---

① 何海波:《实质法治:寻求行政判决的合法性》,法律出版社2009年版,第142页。
② 何海波:《实质法治:寻求行政判决的合法性》,法律出版社2009年版,第142页。
③ 参见何海波:《实质法治:寻求行政判决的合法性》,法律出版社2009年版,第142页。
④ 何海波:《实质法治:寻求行政判决的合法性》,法律出版社2009年版,第142页。

界几乎一致的好评,客观上推动了中国行政法治的进步。作为该案的重要推动者和亲身参与者,何海波因此而对经典的法治理论产生了怀疑和反思。

经典的法治理论的一个核心意涵,就是法官在裁判的过程中只忠实于法律,而对个人的价值观和意识形态立场保持克制,同时也对任何来自其他个人或者团体的政治性、道德性或舆论性压力保持独立。形式法治的对立面,一般被看作是人治,即最高统治者恣意和不受任何约束的权威——当最高统治者认为某个案子的判决不符合他的意志时,他完全可以要求法官按照自己的意志来改变司法判决的结果。因此,形式法治也经常被看作是一种规则之治,一种普遍适用的不以任何人意志为转移的客观规则。自20世纪70年代末"文革"结束,系统地拨乱反正,开启改革开放之后,整个中国的法律体系的重建,基本上都是在这种要法治、不要人治的想法下展开的。

这是形式法治的积极意义,但也存在着对形式法治的各种激烈批评。例如,形式法治总是被与法律实证主义联系在一起,与法条主义(legalism)联系在一起。因为在现代法治模式下,法治的规则之治(rule of law)往往意味着立法规则之治(rule of legislation),意味着立法至上,意味着法官在面对各种现实挑战的情况下,顽固地坚守立法条文的字面含义,而不敢越雷池一步。何海波批评的,恰恰就是这种法条主义的法治意识形态。刘燕文案并非单一的个案,而是一个在当下中国有着广泛代表性的案例。何海波系统地总结了从田永诉北京科技大学案经刘燕文诉北京大学案到将"正当程序"直接写进二审判决书的张成银诉徐州市人民政府房屋登记行政复议决定案等一系列案件,提出突破法律条文字面含义的束缚,引入诸如"正当程序"等法律原则来裁判案件对于中国法治建设的重要意义。在此基础上,何海波提出了一种大胆的司法裁判合法性主张,强调在法官的司法裁判过程中,正式的法律条文仅仅构成了司法推理过程的一个"论据",而非法官必须遵循的规范,司法判决的合法性在于法律共同体的共识,而非正式的制定法条文。当何海波对司法判决的合法性问题做出这样一种系统而明确的结论时,他其实也就正式地进入法学理论层面的论辩中。

综上所述,在批判法条主义的形式法治主张时,沈岿和何海波是完全一致的。但是两者的区别也是明显的,沈岿仍然坚持形式法治的立场和重要性,而何海波则完全突破了形式法治的范围,提倡一种实质法治。这从何海波对经典的法律渊源理论的放弃,转而将成文法条文看作是与其他司法论辩同等分量的论据,就能够最清晰地看出来。当然,对法条主义的批评,在中国法学理论界是一种时髦,并非止于沈岿与何海波两人,例如,苏力就是最近十多年来法条主义最不遗余力的批评者。沈岿和何海波与苏力对法条主义最大的差别是,他们仍然将法治看作是一种必须予以坚守的立场而反对法治虚无主义。

与两者理论立场的这种微妙差异相比,更重要的是本文开头所提到的两位共同的问题意识背景。从上文对两人论证理路的简短梳理中,我们可以感受两人的立场和观点,是与两人最近十多年对中国行政法治进程中标志性事件的亲身参与和细致观察紧密联系在一起的,并且两人的思考都涉及了当代中国法治转型过程中一些核心的疑难问题,例如行政诉讼中受案范围的扩大问题、行政诉讼中的撤诉和请示问题、行政诉讼中滥用职权的认定问题、在中国语境下的法治建构和法律变迁问题、司法解释在这种法律变迁中所应扮演的角色及其限度等,而将这些问题联系起来进行思考,最后就不得不面对中国法治建构的理想图景的问题,即我们究竟需要一个什么样的法治?两位学者最后都不约而同地将各自著作的关键词限定在合法性的问题上,恰恰表明了两位部门法学者对这个整全性问题的洞察和做出考察的努力。无论如何,对于这样一种艰苦努力,我们一定要保持肯定和欢迎的态度,而最恰当的表示方式,无疑就是对两位部门法学者的这种整全性的法律理论思考进行严肃和认真的批评。

二、如何理解中国法治的困境

我们不妨直奔主题,通过对合法性这个概念的讨论,来展开对两本著作的严肃批评。在我看来,两者的优点是类似的,问题也是类似的,即都忽略了对形式法治之内涵和功能的更深入和细致的考察。因此两本专著对形式主义法治所做的突破之分量,就显得有些可疑。这也是我阅读这两本著作时最大的一个感受。对形式法治之内涵和功能理解的深度和厚度,决定了对形式法治所进行的法理学反思和超越的深度和质量。因此,更正确地认识形式法治的内涵和功能,是为了更好地批判和超越它。而在我看来,两本专著所共同具有的一种不足,就是对形式法治的理解过于简单化,对其处理也过于单一和武断。为此,我提出如下几个问题,提供给两位作者参考:1. 什么是形式法治?2. 我们为什么需要法治?

形式法治和实质法治的概念,虽然未必是西方学者经常使用的概念,或者说主要是中国学者使用的概念,但是毫无疑问,这两个概念的锻造,仍然具有深刻的西方理论背景,尤其是深受韦伯的形式理性和实质理性的概念,[①]以及

---

① 参见〔德〕韦伯:《法律社会学》,康乐、简惠美译,广西师范大学出版社2005年版。

西方法理学中争论激烈的自治型法和回应型法等概念的影响。[①] 其中韦伯的形式理性和实质理性的二分法,对于这对概念的产生,应该是有实质性影响的。因此需要回答的几个问题是:实质法治对形式法治的超越,是否意味着形式法治的这个功能不再重要了? 如果答案是否定的,那么实质法治在突破形式法治之后,又是如何解决形式法治被突破后稳定预期的功能的?

形式法治和实质法治的内在紧张关系,其实也是法理学的一个老问题,即法律的稳定性和法律的适应性之间的矛盾问题。最严格地拘泥于法律条文的含义,似乎是比较理想的保持法律稳定性的方式,然而带来的一个结果,便是法律适应能力的严重缺失。将法治定义为实质的,就意味着法官可以通过解释的手段来突破法律条文的制约,从而提高法律的适应能力,然而将这种做法定义为"法治",则又表明了形式法治的内核并未丢失,或者说形式法治曾经起到的功能,仍然得以维持和保障。如此一来,问题就在于,实质法治在何种限度内可以突破形式法治中法律条文的约束,形成法官造法? 其正当性何

---

① 参见〔美〕诺内特:《转变中的法律与社会:迈向回应型法》,张志铭译,中国政法大学出版社 1994 年版;Gunther Teubner, "Substantive and Reflexive Elements in Modern Law", *Law and Society Review*, Vol. 17, No. 2 (1983)。

在？合理性又何在？

这就需要将形式法治拆开来看。例如，形式法治中原旨主义的正当性基础，一般是民主正当性，其合理性基础，则是法律条文的可预见性和法律的稳定性。民主正当性的逻辑是这样的：法律意味着对重大社会利益的分配，最有资格进行这种利益分配的就是民选的代表们，而非民选的法官是没有资格根据自己的意志进行这种利益分配的。这是一种规范主义的进路。另外一种进路则是从能力的角度来理解这个问题，即对这种重大利益的分配，相比于经过公开辩论和妥协的民选议员们，法官个人更缺乏这种能力。因此，法官应该严格遵循法律条文的规定。从合理性的角度来看，严格遵循法律条文，带来的结果就是法律清晰的可预见性和稳定性。而法官的解释一旦突破了法律条文，带来的结果就是法律的不稳定性，这其中最尖刻的批评，就是边沁那个著名的狗的比喻。从目前的法理学论辩来看，立法的民主正当性理论对法官的个人裁量权和法律解释权的限制是很有说服力的，也是很难被突破的。而后一种进路，则已经在学理上被推翻或者修正了。因为民主过程也是有条件的，当民主过程的前提条件没有得到保障，即民主过程存在瑕疵的情况下，经过商议和妥协的民选代表们未必比法官更有能力来分配这种重大利益。当这种情况出现时，法官就应该勇于运用自己法律解释的技巧和权力,对立法进行纠正和审查。① 另外,立法的方式注定其是抽象的和一般性的,因此在具体的裁判过程中,立法的具体含义必须依赖于法官根据法律的精神和原则,予以具体化。同时,立法的这种一般性,往往又使得立法在应对社会变迁方面,存在着许多缺陷。② 从这个角度看,在沈岿与何海波关于形式法治和实质法治的分歧中,我更倾向于沈岿的立场,即对形式法治保持更多的尊重,同时强调司法裁判的开放性和反思性。

然而将这个问题放到中国的语境下,则问题又呈现出了另外一个面向。因为中国立法的审议过程往往缺乏公开的辩论,其确保审议内容公开与合理的审议程序,也是有瑕疵的。因此,中国立法的民主正当性基础,是有亏空的。③ 如此一来,谁更有能力来解释法律,就变成了一个可争论的问题。而后一个问题,在中国也更显得令人怀疑,因为法官既突破法律条文的局限,又不至于影响法律稳定性的前提是有一个好的司法裁判体系,尤其是判

---

① 参见〔美〕伊利:《民主与不信任:关于司法审查的理论》,朱中一、顾运译,法律出版社 2003 年版。
② 参见〔美〕卡拉布雷西:《制定法时代的普通法》,周林刚等译,北京大学出版社 2006 年版。
③ 参见程春明、泮伟江:"现代社会中的司法权",《中国司法》2005 年第 9、10 期。

例体系,而中国恰恰缺乏这样一个判例体系。因此,突破法律条文所带来的后果,更可能是法律之稳定性的丧失。追求个案的正义是否必须根本性地否定整个形式法治的架构,这是一个很值得探讨的问题,尤其是在这个形式法治仍然没有完全建构成功的条件下。形式法治和实质法治紧张关系的这种特殊的中国语境,事实上在何海波的著作中也有深刻的揭示。何海波在著作第二章对行政诉讼撤诉问题和请示问题的分析,就非常清晰地展示了在中国司法不独立的情况下,实质法治进路所面临的最大困境。因此,这一章的论述和全书其他章节前后一贯的论述放在一起,并且被插入在中间的位置,显得极为显眼。如果何海波第二章的分析是令人信服的(事实上我个人就是这么认为的),那么何海波在前面一章和后面各章中所提出的连贯论证,就是很可疑的。比起形式法治来说,实质法治的事业要获得成功,恰恰更依赖于一个独立的司法裁判系统。在独立的司法裁判系统无法得到保障的情况下,实质法治所带来的收益,可能远小于其所带来的严重后果——试想,在法律明文规定法官应该严格地审查行政诉讼的撤诉理由,并且多数法官甚至也正当地领会了法律规定精神的情况下,仍然抵挡不住滔滔的撤诉洪流,甚至出现法官无视法律规范而劝说当事人撤诉的情况,如果进一步地正当化法官违背正式制定法条文的做法,将带来多么混乱的法律后果?"正当程序"运用于司法裁判中的积极效果,与撤诉率不断攀升现象相比,显然后者更能够代表中国当下司法裁判的现实图景。

何海波宁愿牺牲整本著作的内在体系一致性,而插入第二章的讨论,也可以被推测为他其实对这个问题是有察觉的。从他整个法律理论的体系建构来说,第二章的问题最好不存在,但是他的理智又告诉他,如果忽略了这一章所揭示出来的问题,他的讨论就会有失去现实观照力的危险。这一章内容构成了他的理论的"剩余物"。这表明,何海波论证过程中的这种自相矛盾并不可以被看作是一种论证上的疏忽,而有着更加实质性的根基。吊诡的是,这种更加实质性的根基,恰恰又是何海波与仍然坚持形式法治立场的沈岿共享的。这里涉及对中国法治建设必要性的理解问题,也就是对 30 多年来中国法治建设的描述和批评的标准问题。30 多年来,中国一直致力于法治建设,或者虽然曲折,但仍然朝着现代法治的目标努力着。中国法学理论界一直对法治建设的目标是否值得向往,是否能够适应中国社会的现实,以及是否能够实现等问题表示高度的质疑。这从侧面也表明中国与法治建设的成功仍然距离遥远。何海波与沈岿所揭示的问题,并非是一个法治成熟国家也存在的普遍性的问题,而是中国法治建设过程中所遭遇的独有的问题。但问题在于，何海波和沈岿却不约而同地运用了西方经典法律理论基于其自身问题所提炼出来的那些常用概念和思路，却看不到这些概念和思路，在适用到中国语境时，可能遭遇到的问题意识的错位。将中国法治建设的问题概括为形式法治和实质法治的矛盾问题，并且像西方法学理论家那样将解决问题的希望寄托在司法层面法官更大的自由裁量空间，就是最典型的体现。来源于西方的形式法治和实质法治这两个概念，以及与之伴随的司法能动主义思路，却未必能够描述和概括中国法治的独特问题。要解决中国法治的根本困境，需要一个既包括司法层面，也包括立法等其他层面的更加宏观和整体的方案，司法裁判问题虽然在这个方案中占据了关键的位置，但是必须被看作是整体性方案的一部分才能对该问题有所贡献。

更进一步说，对于处于进退两难阶段的中国法治建设来说，其最关键和最急迫的问题，并非形式法治太强大，立法内容太落后，因此损害了个案正义的问题，也不是法官严格遵循立法规范进行司法裁判的方式太僵化，而无法适应中国社会转型需要的问题，恰恰相反，当前阶段中国法治建设所遭遇的最大问题，是中国一直无法有效地建立起最基本的形式法治体系，因此根本无法实现法治最基本功能的问题。更直白地说,中国法治建设与中国社会转型之间的滞后性是存在的,并且很突出,然而中国法治与中国社会转型需要之间最严重的滞后,恰恰是无法为中国社会提供一个形式性的、可预期的规范体系。

判例研习很重要,但更重要的是……

多谢黄卉老师和会议组织者给了我这个发言的机会。我知道这是一个部门法学者间的会议,因此也是一个排斥法理学的会议。正如朱芒老师在第三期"判例研读沙龙"的一个总结中曾经说的:"两者当然也有很多的共同点,都不是法理学对判例制度的研究和阐述,共同点都是从部门法的法律问题角度出发,而不是从法律理论的建构出发,是从具体的部门法的法律问题出发。"[①] 我觉得这里涉及对法理学的一种歧视,尽管我认为,严格来讲,任何一个学者所进行的部门法的研究,其实都是一种纯正的法理学研究。而非法理学的部门法研究,是那些律师在准备诉讼过程中的研究。这个不多说,总之,作为一个法理学研究者,能够参加这个判例研读沙龙,并且拥有发言机会,我既感到荣幸,也感到沉甸甸的压力。至少,我这个发言一定要完成一个任务,即证明法理学研究对中国判例制度的建构也是可以有贡献的,甚至有更重

---

① 黄卉等编:《大陆法系判例:制度·方法——判例研读沙龙 I》,清华大学出版社 2013 年版,第 108 页。

要的贡献。

下面进入正题。对判例研读沙龙我很关注,每一期整理并在网络上发表出来的稿子,我都在看,并且在我办的一个网站"法律之维"上还专门做了一个专题。我下面的发言,是基于我对之前公开的判例沙龙讨论的一个观察。目前好像浙江大学那一期判例沙龙的整理稿我没有看到。之前几期的判例沙龙的讨论,朱芒老师在南京大学那一期做了一个非常漂亮的整理,包括其中取得的一些成果和分歧。私下,我从黄卉老师和周江洪老师那里也了解到了许多情况。从他们那里,我了解到在判例沙龙的讨论中,存在着一个重要的分歧,也就是朱芒老师在那次总结中说到的,究竟判例沙龙的重点,是放到个案的分析还是制度设置的建设方面。根据我的了解,朱芒老师、王亚新老师和周江洪老师是比较关注个案分析的,黄卉老师听说是个制度派。我下面的发言,主要是紧扣这个问题发表一些我的观点,以提供给大家参考。

当然,个案分析和制度设置的问题,对于中国判例制度研究都是很重要的。其中个案分析的训练,是能够展开制度设置层面讨论的前提,如果没有个案分析的训练,尤其是没有在英美法系国家或者德、日等国家的判例教学经验,那么讨论制度设置问题很可能是文不对题的。我觉得这是判例沙龙排斥法理学学者加入的一个重要考虑。只有在这种规范的法学训练下出来的人,才会对判例制度的重要性有一种直观的感受,才能够意识到判例制度对于中国法治和法学教育,对于自身的法学研究的重要意义。但是,个案分析对于判例制度研究的贡献,也是有限度的,如果认不清这种个案研究的限度,今后判例沙龙的讨论,效果很可能就会受到严重的局限。所以今后判例沙龙的讨论,个案研究当然应该加强,但是必须更注重制度设置层面的探讨。这是我今天发言要表达的一个重点。

下面展开我的论点。

正如前面所说的,在座的许多老师关注判例制度研究,与自身在国外法学院接受的教育经验很有关系。我就先从这一点谈起。事实上,这恰恰是我们第一期判例沙龙的一个特点。在第一期沙龙的报告人中,大部分是从海外留学归来的学者,介绍的内容也主要是大陆法系国家的判例制度,以及法学教育中判例的重要性。形成的一个重要效果,就是澄清了一个问题,那就是在大陆法系中判例制度也是存在的,并且非常重要。但是,其中仍然有许多问题是暧昧不清的。例如,许多人都结合亲身经历讲到大陆法系国家的法学教育中,判例所占据的重要地位。提示出这一点当然很重要,我在德国学习的时间虽然不很长,但是对这一点也是很有体会的。但是这说明不了一个问题,那就是判例在法学教育中究竟起到了一个什么样的作用?我觉得许多人的发言都隐含着一个预设,也许就是判例对于训练法律思维的重要性。然而,这说明不了在中国建立判例制度的重要性,因为如果仅仅是训练法学思维的话,国外的判例已经有很多了,而且经过了系统化的整理,用这些判例就够了。这也是何美欢老师之所以要在清华法学院开设普通法教育,并且这种普通法教育大获成功的一个重要原因。根据我的了解,何美欢老师普通法课程班培养了很多出色的法律人才。如果何老师没有英年早逝,我相信他这个班里的许多学生,也会慢慢地从精英律师渗透到法官队伍中,从而对中国的判例制度产生重要影响。如果有一百个类似的普通法教育班存在的话,那么规模效应就更能够体现出来的。这里可能有教材和语言的障碍,但是现在如果这件事情是重要的,并且是可行的,那么组织判例翻译应该不是问题,投入和产出的比较,应该也支持这个事业的进行。但事实上,在座的各位老师的主要兴趣和精力都没有放在这里面。我觉得这很能说明问题。

因此,这里其实还涉及两个问题,一个是法学研究的本土化问题,紧接的一个问题就是判例制度在一个国家法律体系中究竟占据了何种位置?之所以说这涉及本土化的问题,是因为无论是英美法系还是大陆法系国家,法学院的法学教育中之所以必须要使用本国的判例进行教学,不仅是因为判例教学是训练法律思维的一个很有效的手段,更在于这些判例在某种意义上就是这些国家法律体系中很核心的一部分,因此这些法学院的学生将来要从事法律职业,就必须要了解这些判例的结构,要学会分析这些判例的结构和内容的方法,并且知道这些判例是如何生产出来的。因此,介绍这些国家判例制度的情况,更大的潜台词是,判例制度对于中国法律制度的建构来说,也是很重要的。中国的法学研究对象当然是中国的法律,那么,强调中国法学院的学生在课堂上要学习分析中国的判例,就必然以这些判例对于中国法学院学生未来的法律职业是重要的为前提。

从这个角度来看,各位老师的努力,包括判例沙龙的活动,更核心的目标,并不仅仅停留在法律思维或者判例思维的训练上,并不是在法学教育的本身,而在于中国判例制度的建构。之所以强调判例分析和判例教学的问题,是由于各位老师有一种基于自身教育经验所得来的重要直觉,那就是个案的判例研究和判例教学,对于中国判例制度的建设具有一种核心的意义。或者退一步说,学者对于中国判例制度建设的主要贡献,就在这里。

如果我对各位老师的这种直觉的捕捉是准确的话,那么其中又预设了一个要点,就是各位老师对中国判例制度的现状是不满的。至少中国目前的判例制度,无论是其在整个法律体系中的重要性,还是判例制度本身的成熟性,都没有达到要求。

更具体地说,我觉得各位组织这个判例研读沙龙,并且乐此不疲,至少以承认如下两点中的一点为前提:1. 虽然目前判例制度在中国的法律体系中并不占据重要地位,因此也并非学生了解中国法律实践的必备阶段,但是判例制度对于未来中国法律体系的具体运作来说,具有某种核心的重要性。这种观点同时假设了判例制度对于一个国家的法律体系的健康运作具有核心的重要性,而判例制度目前并未获得这种重要性,乃是由于中国法律体系存在着根本性的缺陷。2. 第二种观点虽然也强调当下中国法律体系存在着缺陷,但是同时也强调当下中国法律体系已经存在着某种粗糙的判例制度,或者说判例制度已然在当下中国法律体系的实践中拥有某种重要性。因此,判例制度在目前的法学教育中已经存在着重要的实践意义。判例沙龙的功能则是将判例制度的这种重要性揭示出来,予以明晰化,并且不断地加强它。

前面一种观点暗示着,如果从学生本位的角度来看,判例教学对学生将来的法律职业生涯并没有英美法系国家,或者德日等法治成熟国家中,判例教学所具有的那种直接的重要性。至少这种重要性要打折扣。然而,从长远的角度看,未来有可能具有这种重要性,所以判例教学是重要的。后一种观点则认为这种重要性正在显现,但是还不够明显。

这两种观点之间虽然存在偏差,因此不同的人可能会相对支持其中的一种,在判断上存在着矛盾,但是总的来说,两种观点是互相补充的。我相信持第二种观点的人,也是承认中国判例制度存在着重大缺陷的,而持第一种观点的人,也约略相信当下中国判例仍然在起着某种作用。

然而个案分析如何影响和促进中国的判例制度建设呢?这种思路带来的一个顺理成章的想法是,判例分析和判例教育可以促进学生的判例思维,基于一种建设性的立场和期待,大量的经受这种判例教育的人才,进入司法系统之后,就可以成为推动中国判例制度建设的重要力量。另外,基于个案的判例分析同时也具有一种辐射的效应,假设法院中的法官也是这些判例分析论文的读者的话,这种判例观念和判例思维方法的传播本身就可以促进判判例制度的建构。假设这种个案分析形成规模效应的话,就会发生显著效果。

我认为这种思路是有问题的,而它的问题,恰恰是制度设置层面的讨论和工作的意义所在。严厉一点讲,我认为这种思路有些不自量力。需要事先申明的是,这里

"不自量力"是个中性词,不包含任何嘲讽的意思,而是为了概括的方便。我觉得这里"不自量力"的一个重要表现,就是认为中国的判例制度之所以没有获得应有的重要性,乃在于许多人没有认识到判例制度的价值,或者更进一步地说,许多中国法官不会正确地分析案例,缺乏必要的法律思维能力,不会正确地撰写合格的判决书。而解决的方法,则是由从德国、法国、意大利、日本或者美国回来的,接受正宗和规范的法学教育的学者们通过判例沙龙或者培训班的方式展示判例分析的技巧来教会他们,只要他们学会了,那么中国判例制度的成功建设,就指日可待了。当然,我的这种概括可能有简化之嫌,事实上可能没有人会承认自己的想法是如此幼稚。

这样一种思路,我把它概括成自动实现派,因为这样一种思路暗含着如下结论,即只要学者的判例分析搞得好,判例教学搞成功,中国判例制度的建构就会自然而然地成功完成。我知道支持朱芒老师、王亚新老师和周江洪老师这个信念的一个重要支撑点,就是王亚新老师所举的日本的例子。另外,也许还有中国台湾的例子。如果日本、中国台湾在法治建设早期,判例制度也是不健全的,个案分析也很粗糙,但是经过部门法学者个案分析的长期努力,形成了某种合力,成功地建设成了如今比较成熟的判例制度,为什么我们不可以。

但是这样一种思路也是有问题的。同样的行动,在不同的背景和语境下,完全可能会产生不同的效果,甚至可能是相反的效果。所以行动的语境和背景,就显得很重要。尤其是结构性和制度性的语境和背景,更显得重要。而自动实现派的问题,恰恰是对这种结构性和制度性因素的忽视,以及基于这种忽视所带来的乐观情绪。

姑且不论前面谈到的判例教育的本土化问题(判例教育为什么必须本土化?),我对这样一种分析思路仍然是高度怀疑的。我的略带挑衅性(挑衅是为了激发强烈的智识反弹,从而形成实质性的争论)的概括蕴含的一个批评,就是诸位部门法的学者在分析和探讨判例制度时,过分强调了认知因素的重要性,而忽略了结构性或者制度性因素对于中国判例制度的形成和发展所具有的重要性。学者们总是过于高估自己的智力和价值,而把实践者设想得过于愚蠢。同时学者和文人也往往高估观念和意识的重要性,所以中国古代的文人大臣在劝诫君主改革时弊时,才会喜欢用"一振作间而已"的修辞。假想一个高级法院的法官学会了正确的案例分析技巧,可以正确地写一份漂亮的判决书,就可以形成一个重要的先例了吗?我并不这么认为。我觉得在法官职业系统中,支配一个法官的行为的主要因素,并非该法官个人的知识水平的高低,而是法官职业系统中存在的结构性因素。

所谓的结构性因素,简单地说,就是中国法院系统的法官要维持自己的职位并获得晋升所必须扮演的角色,在展开行动过程中必须考虑到自身在整个法院系统中所占据的位置要求自己必须考虑的那些因素等。这些因素对法官行为的决定性作用,才使得如下情况一再出现:拥有高深法学修养的法学博士在加入法官队伍后,同样会做出违背基本法律思维常识的判决,而武汉中院执行庭的法官因为腐败问题被"一窝端",经过严格考察和聘任的新法官会再次爆发窝案,再次被"一窝端"。要解决这些结构性的问题,炫技性的展示个案分析技巧的培训班和交流会,是远远不够的。

更重要的工作,是去研究形成判例制度的那个"结构",只有解决了这个结构问题,判例制度的形成才是顺理成章的。只有形成了这样一个结构,才能出现一种与上述例子中相反的情况——处于这个结构中的那些人,具体来说就是法官和律师们,哪怕对判例制度一无所知,他们也会被这个结构驱使着去主动地学习和了解判例分析的技巧和知识,并且最大限度地运用自己所掌握的资源和能力,来学习和适用这些判例分析的技巧和知识。而在实践中我们经常听到这样一种说法,即许多法官在认知的层面都认识到判例制度的重要性,也觉得应该掌握判例分析的技巧和知识,但是在判决实践中却仍然按照另外一个逻辑行动着,哪怕是推进判例制度的努力,都看不到。这其实从反面证实了结构问题的重要性。我也经常听说许多政府部门的官员,在私下吃饭聊天时,对某些腐败和丑恶的官僚现象,比学者们更深恶痛绝,分析得更犀利和一针见血,但是放下筷子,回到工作岗位,行动中体现出来的逻辑仍然是自己批判的那一套。这就是结构的力量。判例研读沙龙之所以要召集不同部门法的研究者来讨论判例的问题,已经意味着筹备者认识到了判例制度是个超越具体案例分析层次的问题。超出具体部门法知识的问题,在我看来就是这个结构的问题。

当然,这些都是很极端的例子。但是这并不表明对于判例制度建设这个不那么极端的工作中,结构问题就不那么重要了。打个比方说,个案分析就像河里的水滴一样。个案分析汇集成规模效应,就像水滴汇集成河流甚至洪水。如果个案分析的规模效应达到某种临界点,当然可以冲毁某些障碍物的存在。但是,如果自然地理环境太差,通过个案分析的汇集达到这个效果,难度就很大。例如,如果河床很宽,或者河道分叉很多,规模效应要发挥作用就很难。结构就是诸如河道的因素。如果能够把河道弄窄一点,把河道的三岔口堵掉几个,或者直接在障碍物上做点文章,可能效果就更明显。

有人或许会批评说,结构可能是一个很抽象的概念,既可以指宏观的政治制度,也可以指一些很细节的制度。因此,将问题的重点放到结构这个概念上,虽然正确,但是等于什么都没有说。但我并不这么认为。政治制度、意识形态可能对中国判例制度的建设有影响,但是在这一块不能动的情况下,其实还有其他更多的事情可以做。而且政治制度的影响,也许没有我们想象的那么大。例如,北大的傅郁林老师研究的审级制度,就是一个很好的例子。① 如果能够设置三审终审制,在现有的审级结构中增加法律审,对判例制度建设的效果,一定会明显得多。事实上,刚才河道与河水关系的例子也暗示着,哪怕判例分析要发挥影响,也必须有结构性因素的帮助。判例教学和判例分析,如果能够与司法裁判的实务形成某种结构性的连接点,从而能够以一种结构性的方式对司法裁判发生直接影响,那么判例教育和判例分析对于中国判例制度建设的效果,就会好得多。因此,一个重要的问题就必须被讨论,即这个结构性的连接点或者结构性的设置究竟是什么,或者可能会是什么呢?我觉得这个问题就很有意义。哪怕是判例教学和判例分析本身,我也反对纯个案式的分析,而是提倡将相关同类的判例联

---

① 参见傅郁林:"审级制度的建构原理——从民事程序视角的比较分析",《中国社会科学》2002 年第 4 期;傅郁林:"论民事上诉程序的功能与结构——比较法视野下的二审上诉模式",《法学评论》2005 年第 4 期。

系起来,用法律理论(这里当时是指部门法内的那种法律理论)对系列的个案进行分析,整理出一条连贯的裁判规范,甚至提炼出适当的法律概念和法律原理。实际上,这就是我理解的中国法学研究的本土化。然而,现在判例教学和判例分析的一个很重要的困难是,法学院的教师和学生,要做这种类型的判例分析和研究,非常困难。许多人都是直接根据媒体报道的案例来展开分析的,好一点的会看各地法院的判例汇编,但是仍然困难重重,并且由于各地判例的不一致,这种研究也很难交流。这里就存在这个判例制度的设置性问题。我2006年曾经写过一篇文章,就是想从判例汇编这个很技术化的细微层面的制度设置来解决这个问题。大家应该也很清楚,判例汇编的发展,对英美判例法制度的发展曾经做过多么大的贡献。

  我想我的观点和论证,已经表达得很清楚了。最后一点想说的,就是这个分歧之所以重要,是因为这涉及未来人力、物力和财力等诸多资源的分配问题。判例分析和判例教学是一个长期进行的工作,事实上没有这些财力、人力和物力的支持,这个工作也能进行下去,但是制度研究和改进,可能就必须以适当的财力、物力和人力的分配为重要支撑,而且这些配套支持,更可能在制度研究和改进方面发挥效果。而问题是,这些配套性支持,总体来讲,是很有限的。如何把有限的资源投入到那些最能产生效果的地方去,也许是需要各位深思的一个问题。

政治宪法学的可贵尝试与中国史学"论史"传统的苏醒

在《中国史学名著》中,钱穆先生曾言:"我们讲史学有三种:一是'考史',遇到不清楚的便要考。一是'论史',史事利害得失,该有一个评判。一是'著史',历史要能有人写出来。今天诸位治史只做'考史'功夫,而不能'论'……今天我们都不再写历史了,明天的人考些什么呢?岂不连考都没有了?……我们平常做学问,不能只看重找材料,应该要懂得怎么样去'著书',怎么写史……像造房子,先有一个大间架,至于一窗一门,小木匠也可做,大的间架就要有人来计划。一窗一门拼不成一所房子……大著作家则必有大间架,而大间架则须大学问。"①

清末以来,随着中国日益卷入资本主义世界体系,传统史学赖以为支撑的以儒家"礼治"为核心的天下观念逐渐分崩离析。新的世界展现在眼前,是全新而陌生的。

---

① 钱穆:《中国史学名著》,生活·读书·新知三联书店2000年版,第71—72页。

旧世界留下的仅仅是一片废墟,成群的考证学家在废墟上忙忙碌碌地翻翻拣拣,却根本无法领会辛亥革命的重大意义。伴随历史评价系统的真空而来的则是"论史"与"写史"的茫然失措,于是各种非理性的激进革命价值填充其中,成王败寇的丛林法则变成了历史评价的现实标准,这从根本上败坏了中国史学的品性。这也难怪钱穆在阅读太史公巨著、对比当时的新史学与《史记》中《项羽本纪》《孔子世家》的完整价值序列时所发出的感叹了。

《环球法律评论》2011年第5期所推出的三篇主题文章,却让我看到了新史学的希望。首先引起我注意的倒并非三篇文章都聚焦于清帝《逊位诏书》这个重要却被过分忽略的宪法文本,而是三位作者都具备的法学与政治学的学问背景。最近几年,三位论者不约而同地将目光聚焦于辛亥革命时期重大政体转型问题的研究,并不是偶然的。奇妙的是,在辛亥革命百年纪念的时刻,三位论者几乎不约而同地将对辛亥革命的研究引向了长期为人所忽略的清帝《逊位诏书》之上,并且都从宪法、国际法和政治哲学的角度切入了对该问题的研究。这表明,中国史学的新价值秩序已经开始重建,钱穆先生所总结的中国传统史学的"论史"和"写史"的传统,已经悄然复苏了。

新史学的价值评价系统的再造也就是钱穆先生所说

的"大间架"和"大学问"的问题。新史学的大间架和大学问需要的是新世界的规范学说。中国传统史学的规范学是以"礼"为核心的天下秩序,而新史学中最重要的规范学说,就是界定中国在整个世界秩序中位置的国际法学说与缔造中国国内宪法秩序的政治宪法学。清帝退位与民国缔造之所以如此重要,恰恰在于这关涉传统中华帝国如何转换成现代民主共和国的问题。这个转换的过程,是新史学需要评价的第一事件,关涉如何"写"这个崭新中国的"开端"。而这个"开端"的重要性,是如何强调都不过分的。

有趣的是,三篇文章虽然论题重合,论点互相支持,但论证的角度和重点,却显现出微妙的差异。高文乃是作者一贯的政治宪法学思路的延伸和应用,注重的是清帝《逊位诏书》在理解和评价崭新的中华民国之革命与建国问题中所占据的核心地位,因此作者浓墨重彩地提醒我们注意的一件事情是,缺失了这份重要的宪法性文献,仅仅凭借《中华民国临时约法》是理解不了中华民国的建立及其与当下中国政制之关联问题的。相对于《中华民国临时约法》,清帝《逊位诏书》为我们提供了反省辛亥革命以来百年中国激进革命与建国悖论的最好切口,也更能让我们看到当下政制现实的真正由来。其中尤其令人印象深刻的是其对近百年中国历史成王败寇的丛林法则的清算和对前清末朝政治家之胸襟、眼光与格局的揭示。①

章文则更侧重于从宪法学、国际法和政治学三个维度对清帝退位、南北两个临时政府在南方选举袁世凯为临时大总统这个过程进行规范性的再评价,其中清晰和细致的规范分析,令人赞叹。而杨文更侧重于讨论这个转换过程中涉及的新王朝与中国边疆民族之间共同融合为新国族所涉及的宪法学与国际法的勾连问题。三篇论文共同关切的最核心的问题则是新的民主共和国的正当性问题。围绕着革命、清帝退位与建设新共和国这三大重要事件,当时整个中国的政治势力也分成三个部分,即清朝王室、袁世凯领导的北洋势力和南方革命党势力。传统主流的史学的处理方法,一般是肯定南方革命党势力,忽略清朝王室势力,贬斥袁世凯代表的北洋势力。因此,三篇论文共同要处理的就是重新评价这三种势力各自的历史作为及其意义。选择清帝《逊位诏书》作为论述的重点,传达出来的讯息,便是重新发现和肯定清朝王室一方在此一历史重大际遇的选择和行动,与此相对照的便是南方革命党势力在处理主动退位后的清室的失当,高全喜教授认为这种失当表明了南方革命党人政治的不

---

① 参见高全喜:"政治宪法学视野中的清帝《逊位诏书》",《环球法律评论》2011 年第 5 期。

成熟,而这种政治的不成熟则进一步导致了此后中国革命与历史的激进化,从而也使得建国的问题一直难以得到顺当的解决。章永乐则进一步指出了冯玉祥在1924年率军将溥仪赶出紫禁城,并由执政内阁单方面修改《清帝优待条件》,乃是这种政治不成熟的鲜明体现,也更进一步促进了伪满洲国的出现这一恶劣后果。

　　章永乐的论文集中关注三方政治势力围绕着建国问题所展开的博弈,即妥协和不妥协的斗争。[①] 研究武昌首义后各方政治势力博弈的文章早已是汗牛充栋,这种政治博弈自然也涉及各种各样的现实利益的考量,但若无大学问和大间架,此一伟大时刻的博弈,便无法得到真正的理解。似乎是心有灵犀,高全喜从这个伟大的时刻联想到了英国的光荣革命,章永乐论文的标题"大妥协",难免让人联想到美国立宪时刻的费城会议,除此之外,还有哪次开端时刻更能配得上"大妥协"这个伟大的词汇呢?问题在于,我们是否有能力像美国的历史学家那样,用一种伟大的胸襟和视野处理我们自己历史的这个伟大时刻?令人沮丧的是,如果说离开政治宪法学的视野,美国的历史学就难写下一行字,而政治宪法学对于中国近代史研究者而言,却是一个过分陌生的领域。

---

① 参见章永乐:"'大妥协':清王朝与中华民国的主权连续性",《环球法律评论》2011年第5期。

与高全喜的论文以清帝《逊位诏书》为焦点的处理不同,在章永乐的论文里,清帝《逊位诏书》仅仅是故事的一个引子,他的工作更类似于接着高全喜教授的话头往下讲,重点是南北两个临时政府之间围绕着建国问题的博弈和斗争。连接两个故事的关键点则是袁世凯在整个过程中的所作所为。其中涉及的法理关键,则是自清帝主动退位后,中华帝国的主权是如何落到新的中华民国之上的。高全喜认为清帝《逊位诏书》就是中华民国立国之基的根本性契约,即清帝将国家之主权让予全体国民组成的共和立宪政体。因此,清帝《逊位诏书》是高于所有其他宪法性文件的最根本的宪法性文件。这一点也得到了章永乐的认同。章永乐更加细致地处理了清帝《逊位诏书》中的袁世凯条款问题,辨析的是有贺长雄所提出的清帝《逊位诏书》作为政治契约的甲乙方代表的问题。但这一点似乎有些似是而非,有点被有贺长雄绕进去了。试想,霍布斯《利维坦》中从原初状态过渡到政治社会时签订的社会契约,需要一个人格化的代表吗?清帝《逊位诏书》的乙方为全体国民,作为所有政治根本的原初契约,未必需要袁世凯或者南京临时政府作为一种人格化的代表。新生的共和立宪政体是这份原初政治契约的内容和结果,乃是由这份原初政治契约而来的被造物,形象点来说,乃是这份原初政治契约"生"出来的,它又怎么可能赶在出生之前而成为这份作为母亲的原初契约的一方代表呢?高全喜比较明智地避开了这个问题,集中探讨的是清帝《逊位诏书》的袁世凯条款对袁世凯的授权同时也意味着对袁世凯的制约的问题,加深了我们对这份根本性社会契约之历史意义的理解与领会。但章文提出的"从政治上南方临时政府被袁世凯所吸收,从法理上袁世凯则被南京临时政府所吸收"的观点,令人耳目一新,相当值得重视。

杨昂论文提出的"建政还是建国"的论辩,也有利于我们思考这个问题。恰恰是清帝《逊位诏书》以及此后的"五族共和"与"中华民族"理念的提出,才使得作为一个民族国家的中华民国成为可能。而正是这些,奠定了我们今天现状的历史与法理基础。①

---

① 参见杨昂:"清帝《逊位诏书》在中华民族统一上的法律意义",《环球法律评论》2011年第5期。

欣慰和遗憾

摆在我面前的是我的老师程春明先生的遗著《司法权及其配置——理论语境、中英法式样及国际趋势》[①]。这本书既是程先生主持的司法部"法治建设与法律理论研究"部级科研项目的研究成果,同时也代表了他最近几年在法学理论方面的思考和努力。作为程春明先生生前的学生和朋友,我一直在关注、支持和促进程先生的这项研究,也部分地参与了其中有些内容的资料收集和写作过程,因此很了解程先生最近几年在司法权理论研究方面所做的艰苦努力。如今看到程春明先生多年的理论努力最后能够以一种体系完整的形态由有学术分量的出版社编辑出版,从而得以对中国现代法治转型提供理论借鉴和参考,我感到非常的高兴和欣慰。

高兴和欣慰之余,也深感遗憾,因为读完全书的各个篇章,我不止一次地感觉这是国内少有的高质量的就司法权的历史和思想基础以及制度样态所做的理论思考和

---

① 程春明:《司法权及其配置:理论语境、中英法式样及国际趋势》,中国法制出版社 2009 年版。

比较研究的专著。书中启人深思、展现程先生理论天分和洞察力的思想火花随处可见,对相关问题的分析和思考更是入木三分,然而整本专著的写作带有一种思考原生状态的性质,许多重要的理论感觉还有待通过更细致的分析来展开,各种不同的理论立场之间,也需要更加细腻的处理方法来协调。如果程先生能够通过教学以及与国内外相关领域的同行就该问题进行更进一步的讨论和交流,并在这个基础之上做更深入和细致的研究和修改,则本书无疑能够成为中文世界司法权的基础理论和比较研究的经典。遗憾的是,程先生的遽然离世使得这一切工作都变得不再可能,这必然是当代中国司法权研究领域和法哲学研究领域的一个难以估量的损失。作为程春明先生生前的学生和好友,以及多次学术研究或翻译工作的合作者,我个人对此深信不疑,并因此感到无限痛惜。

受程春明先生的夫人之托,由我给程春明先生的这本遗著写一篇序言。对此,我既感到荣幸,因为这表明了对我们多年来的师生之情和学术友谊的肯定,在某种程度上也意味着程春明先生的某种学术的信任和寄托;同时,我也感到一种责任和压力,因为我的学力尚浅,由我对老师最后的遗著作序,进行介绍和评价,实在是远超出我的学识和能力范围之外。我下面所作的文字,都只能代表我有限的学识和理解,自然错谬多多,也希望不至于影响读者方家的阅读和判断,错谬之处,也请读者诸君批评指正。

迄今为止,国内学界有关司法权的属性问题的研究已屡见不鲜;但是,针对决定司法权属性的理论基础,学界却缺乏足够的反思。这在很大程度上乃是众多研究者自身的眼界和理论能力的局限所导致的。程春明先生留学法国长达十几年的独特学术经历,使得他能够在中、英、法三种语言中游刃有余地穿插往来,从而也就使得程先生能够从孟德斯鸠经典作品的法文原文的几个基本概念的考察,来展开他对现代司法权的属性和不同历史和现实条件下的制度面向的考察。坦率地说,我很喜欢程春明先生的这个开场白,精彩无比,就凭这一章,程春明先生这本书的立意和理论水准,就远超国内大多数同类作品。这种概念辨析工作的重要性和意义不但在于其在汉语学界澄清了西方政治思想史中很重要的一段公案,从而使得洛克—孟德斯鸠—联邦党人这一脉而来的三权分立理论的脉络更加清晰而完整,同时也使得现代司法权在国家和社会之间所占据的奇特位置得以凸显。司法权既属于国家权力,又不完全是政治性的国家权力,这样一种从现代政治哲学的角度来看堪称奇特的现象,居然没有引起当代政治哲学和社会理论足够的凝视和沉思,并且由此生发出经典的作品,这实在是当代政治哲学和社会理论的一大缺憾。

第二章对法国司法制度的历史和现状的分析和介绍,显然并不仅仅来自文字资料的积累,也是程春明先生多年旅法生活实地考察和经验积累的成果。这一章节也是程先生用力最深的一个章节,也是最能体现这本书对当代中国司法权的分析与建构所具有的参考意义的章节之一。即使单单从这一章节的字数来看,也能够看出这一章在全书中所占据的分量——全书大约27万字,但是这一章节就占据了9万多字,占全书篇幅将近三分之一!更令人叹为观止的是,这部分内容并不仅仅局限于对制度的简单介绍,而是能够透过制度的表面而深入法国司法制度发展的历史根源和司法权设计背后所蕴藏的政治哲学的原理,因此整章的内容纲举目张,有血有肉,娓娓道来,难得一见地让国内的读者能够全景式地对法国司法制度及其设计原理的历史和现实进行了解。法国大革命以来司法权的种种遭遇,对于同样深受卢梭的人民主权理论影响,同样经历了风雨飘摇的国家建构历史的中国人来说,一定是感触良多。

当然,法国第五共和国的宪政框架中司法权配置的原理及其发展现状,在这一章节中更是占据了特殊重要的地位。在这一部分,程先生既从宪政原理的层面介绍了当代法国宪政实践对孟德斯鸠理论的继承和超越、司法权和民主少数派的派生性权力对于划定民主多数派的立法权力界限的重要性、司法权威这个概念所体现出来的司法谦抑精神，也从制度的历史生成的角度介绍了法国的国家参事院、宪法委员会和普通法院等司法制度内部不同分支的形成和演变，以及三者之间在管辖权方面错综复杂的关系，还有各种替代性的纠纷解决机制与国家正式的司法救济之间的关系等。毫无疑问，程先生在这一章关于法国司法权的历史和现实的分析和介绍不但填补了国内相关研究的空白，而且在很长的一段时间都很难被超越了。

第三章是程先生和他的学生孙建伟先生合作研究的成果，在对相关材料和问题分析的精彩程度上，略逊于前面两章，但是对英国普通法发展的把握还是比较准确的，并且构成了程先生思考和分析中国司法权问题的一个重要背景，因此也是这本书不可或缺的组成部分。

正如程先生自己所概括的，这本书的导言部分和介绍法国、英国司法权配置的历史和演变的章节在某种意义上为他分析中国司法权问题提供了重要的理论框架和分析背景。其中，让程先生尤其体会深刻的是司法权和一个国家的历史背景、政治制度和社会结构具有很强的关联性，因此在各个国家有着各不相同的表现形式。同时,程先生也"看到了一般意义上的司法权具有基于公正解决社会冲突目的而诉求的独立性品质、社会性权威渊源,以及国家的工具性效用"。

在此基础上,程先生切入了对中国司法权问题的研究。通过对传统中国司法权的简要介绍,对近代西方司法权被引入中国的思想背景、宪制环境和最后悲惨遭遇等诸方面的简洁描画,程先生简单地勾勒出了现代司法权在近代被引入中国的命运,即在政治转型时期中国以司法独立为核心的司法权建设被强大的传统政治文化所释放出来的惰性所空壳化,因此从价值理性嬗变为一种工具理性。此后程先生又进一步对中华人民共和国继承苏联革命苏维埃政治哲学下的司法权建设进行了简短的梳理和介绍,并且介入了当代中国司法改革话语的分析和争论之中。

在对中国近代以来这两个司法权建设的传统的介绍和梳理基础上,程先生从实效论的角度对中国当代各种司法权理论进行了范式论的概括和总结,分别将迄今为止分析和讨论中国当下司法改革的各种理论话语所隐含的理论范式概括成自由市场经济范式下的司法权理论、三权分立政治哲学范式下的司法权理论和法社会学范式下的司法权理论三个范式,并且在此基础上提出了哈贝马斯的商谈论法哲学,对这三种司法权理论范式进行了综合和重构。笔者也部分参与了这一部分内容的思考和写作,回想起当年一起讨论和写作的情景,真是感慨万千,难以自已。

最后一章,程先生根据前面各章的分析,根据所掌握的材料和信息,大胆地以国家和社会的二元结构及司法权在这种二元结构中所占据的独特位置,对中国未来司法权配置的发展和走向进行了大胆的分析和预测。

整体来看,这本书的前面两章,也就是提出理论框架和介绍法国司法权配置体系的历史和现状的部分,更能够体现程先生的学术背景和理论优势,而分析当代中国司法权体系配置的历史和现状的部分,虽然也有很准确的把握和精彩的分析,但是在理论方面感觉相比前面两章仍然略逊一筹。此外,虽然程先生令人信服地揭示出现代司法权既作为国家权力又具有很强的社会属性这一重要的理论问题,但是这样一种带有一定国家性的社会权力与调解等各种替代性纠纷解决体系之间究竟有何种实质性的区别,程先生仍然没有进一步建构出一个更加精妙的理论模型对此进行解释和说明。这是我看完这本书的初稿之后略感遗憾,也是希望程先生能够在日后的研究中有所发展的部分。令人感到万分痛惜的是,程先生已经没有机会去继续完成这个研究了。好在程先生在这本书前面两章的精彩分析已经为这种研究打下了很好的基础,而程先生对中国司法权建构的历史和现实的分析也为今后的这种进一步研究提供了重要的理论和材料的准备。

相信那些真正关心中国法治建设转型的人,真正关心中国现代司法的分析与建构的人,一定能够看到程春明先生体现在这本书中的艰苦付出和卓越贡献,也能够从程春明先生的这种付出和努力中有所收益。如此,编辑和出版程先生这本遗著的目的也就达到了。而程先生在天之灵能够看到自己耗尽多年心血却仍然未最终完全思考成熟的遗著能够正式出版,并且对中国司法理论和实践的相关研究有所贡献,也会感到高兴和欣慰的。在此,我们也代表程春明先生的家属、朋友和学生们感谢中国法制出版社为这本书的出版所做的努力和提供的许多无私的帮助。

中编　思想的自我启蒙

《大宪章》签订 800 年后,英国是否需要一部成文宪法?

1215 年 6 月 15 日,在距离伦敦城 30 公里外泰晤士河边的一片叫做兰尼米德(Runnymede)的草地上,当时的英格兰大贵族们逼迫国王约翰签署了一份叫做《大宪章》(Magna Carta)的法律文献。由于确实是被逼迫签订的,所以《大宪章》签订以后没过多久,就被约翰撕毁。而约翰此种举动还得到了当时的教皇英诺森三世的支持,教皇斥责《大宪章》是"以武力及恐惧,强加于国王的无耻条款"。

英国内战于是重新开启,并且随着反叛贵族们请求法国派兵支援,形势变得更为严峻和复杂。尽管约翰在随后的内战中取得过几场胜利,但却不幸于 1216 年染病暴卒。约翰的儿子继承王位之后,内战各方势力随后再次发生了分化,部分贵族转而重新支持国王一方,法国人最终被赶出英格兰,新国王也分别于 1216 年、1217 年和 1225 年三次签署《大宪章》。在 1225 年,新国王强调此次是"自愿和自由意志下"签署的。

800年后的今天,《大宪章》中只有三个条款是仍然有效的法律,这就意味着,《大宪章》已经从800年前的一份法律文献变成了一份历史文献。许多的历史研究也揭示,在800年的历史中,《大宪章》并未在实际的案件审判过程中发挥多少"实际"的作用。但这并不意味着《大宪章》是不重要的。在整个英格兰宪政发展的历史中,《大宪章》不断重复地被提及,并且《大宪章》中蕴含的王在法下,正当程序,未经独立司法之公正审判国王不能随意逮捕、监禁自由人或者剥夺他们的财产,未经议会同意国王不得随意征税等原则和理念都内化成整个英格兰普通法政体的基本原则和结构。就此而言,《大宪章》具有一种伟大的象征意义,是英格兰普通法心智和普通法宪政的象征。

在《大宪章》签订800年后的今天,不仅是英格兰人对《大宪章》的故事津津乐道、引以为豪,并为此展开了隆重的纪念;并且在世界的其他地方,甚至包括中国,都展开了热烈的讨论和纪念活动。尤其是美国,似乎对《大宪章》的热情甚至还要超过英国。在对此表示自豪之外,英国人或许觉得有些奇怪甚至尴尬。

这篇小短文,就是想谈谈《大宪章》签订800年后,英国人这份自豪之中隐藏的那份尴尬。就在英国各地轰轰烈烈地展开《大宪章》纪念活动时,又传来一份消息,说英国的一位上议院议员引入了一项法案,如果该法案通过的话,有可能会促使英国开启制定一部成文的宪法。尽管这件事情几乎确定是不可能成功的,但在英国国内确实有越来越多的人热衷于此事,并且这确实构成了对英国目前面临的一些重大问题和困难的一种可能的回应措施。

的确,晚近四五百年来,英国人既经历了日不落帝国长达几个世纪的辉煌与荣耀,同时也发现在这个由自己所缔造的现代世界中,面临着老大帝国衰落后的种种尴尬和困窘。例如,开创殖民主义时代的老大帝国,不但要面对和适应当年的北美殖民地,如今的"美利坚合众国"代替自己领导世界的现实,同时也必须艰难地抵抗着当年的殖民地在文化、政治、经济等诸领域对自身的"殖民化"。简单地说,如今悬在英国人心中的那个噩梦是,在全球化时代,英国即将不得不变成一个"美国化的英国"。

当然,对当下的英国人来说,除了文化认同的焦虑之外,更紧迫和现实的还是政治认同的焦虑。二战以后,英格兰虽然失去了世界,但仍然是光荣和体面地撤退英伦三岛。而如今,英伦三岛内部危机重重。2014 年 9 月苏格兰公投虽然有惊无险,却足足让英国人惊出了一身的冷汗。2015 年的英国大选,工党在苏格兰地区的溃败与苏格兰民族党的大胜则再次埋下了苏格兰独立公投的伏笔。同时,欧盟一体化的日益加深,也大大限制了英国的主权空间,从而再次引发了英国人对"英国性"丧失的忧虑,以致越来越多的英国人希望通过一次公投而退出欧盟。

因此,在《大宪章》签订800年纪念日,当大西洋彼岸的美利坚合众国的宪法学家和历史学家正隆重地纪念这份古老而神圣的文献之签订时,英国上议院的议员却建议英国制定一部成文宪法。这本是为了应对危机,维持"英国性"的一个举措,但吊诡的是,措施本身却具有鲜明的"去英国性"的特征。

作为现代宪法传统的开创者和奠基者,英国人将Constitution概念的含义,由传统的"组织体"改写成通过法律保护个人自由权利的《大宪章》。可以说,现代西方宪法传统的源头在英国。2015年世界各地此起彼伏的纪念《大宪章》的活动,生动地证明了这一点。对英国人来说,《大宪章》象征了英格兰古老的宪法传统,同时也揭示了英国宪政的核心原理。

对英国人来说,成文宪法不过是颁布给殖民地的一份份特许状,而殖民地之所以有时候需要一部成文宪法,乃是由于殖民地缺乏美丽的英格兰的那自由的空气和宪法的土壤,而不得不人工移植和培育宪法幼苗的"空间站"。但英格兰却不需要这样的培育宪法幼苗的人工设施,其本身就是最适合宪法成长的美好土地。在后殖民时代,英国人仍然可以欣喜而自豪地看到,相对于法国、荷兰、葡萄牙等其他近代殖民帝国所开拓的殖民地,唯有大英帝国当年设置的各个"空间站",在大英帝国撤离之后,仍然保持着自由、民主和稳定。

因此,《大宪章》签订800年以后,当年领导英国人民打败约翰王,逼迫国王在那块大草坪上签订《大宪章》的那群大贵族们的承继者(英国上议院议员),提议制定一部英国的成文宪法,对英国人而言,确实是心情复杂的。对空间站而言,无论它建设得多美好,都不过是在荒凉的太空中对地球生态环境的尽量逼真的模拟。当有一天人们建议说,要按照空间站建设的原则和方法来建设地球的生态环境时,人们又该作何感想呢?

那么,英国是否需要一部成文宪法?

答案是:需要,也不需要。首先,就宪法的核心含义而言,确实任何现代的成文宪法,其核心的精神和内容,例如法治原则、对个人自由权利的捍卫与保护、国家权力间的制约与平衡、司法独立,等等,都不过是对《大宪章》所象征的英格兰宪法传统的"临摹"与"提炼"而已。既然如此,英格兰虽然没有美国宪法意义的成文宪法,但英格兰当然是有宪法的,而且是世界上仍然存活的最古老的宪法。

但是，如果这个问题实际上问的是，英格兰的不成文宪法是否也有缺点，因此是否需要从那些成功的模仿者那里学习，吸收成文宪法的某些优点，则答案当然是肯定的。被模仿者被模仿者所超越，这是可能的。即便是太空空间站的技术，有时候也能够被转化成地球上广受欢迎的某些民用技术，从而促进地球生态环境的改善和优化。英国人应该痛彻地领悟过这一点。例如，德国人是英国工业革命的模仿者，但后来很快地在第二次工业革命中全面地超越了英国，从而具备了挑战英国的实力，直接导致了两次世界大战的产生，从而也将英国人拉下了世界霸主的神坛。因此，在宪法实践的领域，英国人也应该虚心地学习成文宪法国家的成功经验，在某些方面，通过成文宪法的技术，进一步提炼和明晰化英国宪法的某些惯例和原则，从而通过制度创新，来应对英国当前宪政所面临的危机和挑战。

过一种正义的生活乃是人类最深的本性
——柏拉图和他的教育理想国

言必称希腊,似乎是治西学的人的通病。谈到希腊又必然会谈到柏拉图,因为正如怀特海所说的,迄今为止,一切西方哲学都不过是他的注脚。在柏拉图的所有著作中,《理想国》可能又是最多为人所阅读和谈论的。[①]相对于柏拉图之前的作品,《理想国》既有破,也有立,虽然同样也以苏格拉底为对话的主角,却不再以记录和再现苏格拉底的生活和思想为重点,而是系统又正面地对柏拉图本人的政治哲学立场进行交代。在《理想国》之后,柏拉图的作品又逐渐变得晦涩起来了,少有像这本著作那样清晰而又生动。

一、吕底亚牧羊人的金戒指

通读《理想国》不难发现,虽然全书的重点确实是描述理想城邦的建构,但这只不过是苏格拉底探讨正义问

---

① 参见〔古希腊〕柏拉图:《理想国》,郭斌和、张竹明译,商务印书馆1986年版,第65页。

题的一个中介。在此之前,苏格拉底和智者色拉叙马霍斯之间已经围绕着正义的规范性问题展开了一场争论。然而,就像金庸的武侠小说世界一样,最先出场的虽然气势汹汹,最终却被证明不过是位武功平庸的小角色,在理想国的叙事结构中,色拉叙马霍斯向苏格拉底发起的挑战也不过是为苏格拉底后面更精彩的表现做的铺垫而已。《理想国》真正高潮和精彩的部分,是由柏拉图的两个哥哥,也就是格劳孔和阿德曼托斯的介入所开启的。如果苏格拉底是柏拉图《理想国》中的哲学王的话,这两兄弟就是护卫者和武士,乃是哲学王构建他的理想城邦的最好辅助者。他们也确实比柏拉图前期作品中苏格拉底的对话者更加高明,不但能够深刻领会苏格拉底的意思,而且能够在关键的时刻配合苏格拉底把握问题的实质,从而一次又一次地把讨论推向更高潮。同《理想国》中苏格拉底和两兄弟展开的对话相比,之前柏拉图所写作的短篇对话,就像是一个成年人在"逗"小孩子说话一样,对话者之间在心智方面的差异太过于悬殊,以至于苏格拉底在"调戏"完这些美少年之后,也早已意兴阑珊,在半认真和半玩笑之中结束了对话。

两兄弟是从吕底亚牧羊人发现金戒指的故事开始介入正义问题的探讨的。据说这个牧羊人有一次在无意之中于一个地洞中发现了一个神奇的金戒指,戴上这个戒指就可以隐身，从而可以摆脱任何外在的束缚，为所欲为。在发现金戒指的魔力之后，他首先做的一件事情就是勾引王后，谋杀国王，篡夺整个王国。格劳孔用牧羊人的金戒指这个故事意图证明的是：正义不过是人们在各种各样外在束缚和监督中不得不装出来的假象，一旦摆脱了种种外在束缚，则人们内心里真正追求的不过是各种私欲的满足，最重要的是正义的外表，而不是正义的实质。稍后阿德曼托斯用他敏锐的观察力揭示出，整个社会中流行的对正义的种种赞美，最后的落脚点都不过是正义所能够带来的种种好处，而不是正义本身值得追求。这也是一旦人们可以通过不正义的方式而获得种种利益和好处时，就会毫不犹豫地过一种不正义的生活的原因。如果让人们在过一种正义的生活却遭遇种种不幸与过一种完全不正义的生活却儿女满堂、牛羊成群、身体健康这两者之间进行选择，人们一定会毫不犹豫地选择后者。古往今来，那么多文人骚客都赞誉正义而谴责不正义，却没有人真正谴责过不正义或者颂扬过正义本身，只有在正义和不正义与它们的结果联系起来的时候，他们才给予正义或不正义一个评价。两兄弟因此给苏格拉底留下了一个最难的任务，即从正面去描述正义究竟是什么？正义本身是否就值得人类去追求？

二、洞穴比喻和哲学家的癫狂

知音难求,也许是格劳孔和阿德曼托斯两兄弟的出现和介入,终于使得苏格拉底撕下平时对话中的那些面具,接过了两兄弟所给出的难题,开始认真探讨起正义是否因其自身而值得追求这个难题来了。正如我们在文章开头所说的,苏格拉底谈理想城邦的建构,只不过是由于两兄弟所给出的这个任务过于艰巨,而不得不采取的一种解决难题的迂回方式。最终要回答的,还是正义本身是否就值得追求这个问题。通过理想城邦的建构固然能够让人明白,正义乃是一种各得其所、各就其位的秩序,然而真正能够回答两兄弟那个问题的,还是柏拉图在第七卷所讲的著名的洞穴比喻。

洞穴比喻的具体场景就很有意思:有一些人从小就住在一个黝黑的洞穴里,他们的头颈和腿脚都被绑着,不能走动也不能转头,只能向前看着洞穴后壁。在他们背后远处高些的地方有东西燃烧着发出火光。在火光和这些被囚禁者之间,在洞外上面有一条路。沿着路边已筑有一带矮墙。矮墙的作用像傀儡戏演员在自己和观众之间设的一道屏障,他们把木偶举到屏障上头去表演。[①]

[①] 参见〔古希腊〕柏拉图:《理想国》,郭斌和、张竹明译,商务印书馆1986年版,第275页。

由于这些囚禁者根本就不能移动身体，所以他们只能够看到洞穴后壁的墙上在火光映照下所产生的木偶的阴影。有时候有人把那些来回移动，他们就以为是这些阴影自己在来回移动。"如果一个过路的人发出声音，引起囚徒对面洞壁的回声"，那么这些囚徒们一定以为"是他们对面洞壁上移动的阴影发出的"声音。对于这些被囚禁在洞穴里面，不能转身，也无法转回头看看的囚徒们来说，什么是最现实的东西呢？很显然，对他们而言，最现实的东西，莫过于眼前这些能够来回移动，并且还会发出声音的阴影了。

然而，由于某种原因，如果有一天他摆脱了束缚，转身并走出了洞穴，看见了洞穴外阳光下明亮的世界，并且又回到原来生活的洞穴世界告诉其他被捆绑的囚徒自己的经历和所见所闻时，其他仍然被捆绑的囚徒一定会觉得他在胡言乱语，觉得他疯了。

在这个比喻中，柏拉图成功地颠覆了人们在日常生活中所形成的确定性，人们日常生活中凭借肉眼和各种感官知觉所认识和了解的看得见摸得着的世界，不过是昏暗的地洞中靠着微弱的烛光照射而形成的各种各样的木偶的阴影，被人们看作是最实在和最切己的各种肉体感官快乐，被发现恰恰是束缚我们转过身走出洞穴的捆绑在身体上的绳索。如此一来，正义的生活是否值得过这个问题,也就得到了回答。洞穴比喻表明,过一种正义的生活乃是隐藏在人们灵魂深处的最大本性,而人们之所以认识不到这个本性,乃是由于人们所生活的环境(洞穴和捆绑人的绳索)所制造的种种制约,从而妨碍了人们去追求这种最适合人类本性的生活。而要使人类回归这种最本性的生活,去除整个社会施加在人身上的各种限制活动自由的"绳索",将人类从"洞穴"中解放出来,就显得尤其重要了。而这恰恰是柏拉图城邦政治哲学最核心的主题。在某种意义上,这又涉及了我们下面要讲的教育问题。

三、社会是个大学校

卢梭曾经说过,《理想国》是教育学的著作。如果我们仔细阅读《理想国》,思考正义问题在柏拉图这篇长篇对话中提出的语境和最后的落脚点,我们也会像伽达默尔一样赞同卢梭的说法。在格劳孔两兄弟介入对话,提出正义的难题时,他们是从年轻人的教育问题切入的。他们担心,如果正义的这个大难题无法得到解决,而年轻人所听到和看到的,都是关于正义的这些似是而非的观点,那么就会对年轻人人生道路的选择产生重要的影响。在苏格拉底和两兄弟一起澄清了正义确实是一种值得追求的生活,乃是人类灵魂深处最深刻和最真实的本性之后，他们也一起讨论了城邦中各种政体堕落的形式。我们看到城邦中各种各样的政体的堕落，都是从下一代年轻人思想和价值取向的改变开始的，而他们的这种变化，又是通过他们的父辈在整个社会结构中的地位和遭遇联系在一起的。这意味着政治结构乃是整个社会结构中最重要的组成部分，政治结构的扭曲和变质将引起人性的扭曲和变质，这种人性的扭曲和变质又通过一种变本加厉的方式被传递给下一代，从而加速了公民品德的败坏，又进一步加速了政治结构的败坏和衰落。和学校里的各种教育相比，社会结构对年轻人的心灵结构和生活态度的影响，显然更具有本质性的意义。这一点也许就是联系柏拉图和几千年后的政治哲学家罗尔斯之间的隐秘纽带吧。而对照当下中国正在轰轰烈烈进行的人文教育和通识教育，这也不禁让人浮想联翩……

西塞罗的肤浅与深刻

　　西塞罗在西方的思想史上具有一种既重要又被轻视的奇怪角色。如果没有西塞罗天才的修辞能力和表达能力,西方古代世界的许多伟大的思想和著述就无法得以流传至今,因此,历来的思想家对西塞罗保存西方古典文化的贡献赞不绝口。但是同时,大部分的思想家对西塞罗本人的思想却相当轻视,认为西塞罗缺乏原创性,缺乏像古希腊哲人那样沉思的能力,不配称为一个一流的哲学家和思想家。因此,西塞罗变成了西方政治和法律思想史上的一个未解之谜:如果西塞罗果真不过是一个缺乏思想原创性的平庸之人,那么西塞罗的作品又何以能够在几千年的时间里历久而弥新,始终成为欧洲有教养阶层的囊中最爱,以至于许多据说更加深刻的哲学家也必须借助西塞罗之手方得在后人的思想世界中占据一席之地? 如果西塞罗拥有作为一名一流哲学家的才华和能力,他的著作又为何无法像柏拉图、亚里士多德等古典作家那样引起后世思想家无穷的兴趣和不断翻新的阐释实践呢? 当然,问题的关键或许并非在于对西塞罗天赋的评价,而在于西塞罗在整个西方政治哲学传统的地位和影响力上:没有人会怀疑西塞罗在西方整个人文传统和共和主义政治传统中所占据的崇高地位,但是西塞罗对西方整个政治哲学传统的悠久影响究竟得益于西塞罗的哪一点?是西塞罗对希腊经典政治哲学的天才转述,还是来源于西塞罗自身的深刻?如果是后者,这种深刻究竟体现在何处?

西塞罗的一生虽然深受希腊哲学和文化的影响,但是骨子里仍然是一个传统的罗马人。罗马是一个由农夫和士兵组成的民族,是一个重政治实践甚于哲学沉思的民族,是一个有着光荣和悠久历史传统的民族。对于罗马人来说,维护罗马自身的光荣传统,从罗马自身的历史传统中寻找人生的智慧,比抽象和玄虚的哲学沉思更加重要和有益处。

罗马人的这种民族特性也深刻影响了西塞罗。因此,尽管西塞罗对希腊的哲学和文化赞不绝口,甚至一度希望自己死后能够安葬在希腊,但是西塞罗对希腊哲学和文化的接受和吸纳还是有选择性的。对于西塞罗参与罗马政治生活相当重要的辩论、修辞和演讲的技巧,成了西塞罗学习的重点。这说明对西塞罗来说,积极参加罗马共和国的政治实践,挽救处于危亡之中的罗马共和国,比任何哲学的著述都更为重要。

因此,我们要了解西塞罗的思想,就必须了解他身上承载的罗马人的民族特性,以及这种民族特性与希腊文化的冲突与融合。西塞罗对欧洲后世政治哲学思想和实践的影响,也更多地同罗马共和制度对后世的共和理念和实践形态的影响联系在一起。

罗马共和国是罗马贵族领导罗马人民推翻暴政的一个结果。在王政被推翻之后,贵族阶层掌握了罗马的统治权力,主要由贵族成员组成的元老院和王政时期的咨议机构变成了实质性的权力机构。罗马的贵族都是名门望族之后,罗马辉煌的历史和传奇是由他们的祖先抛头颅洒热血创造的。他们从小接受了当时最好的教育,年轻时代往往被投放到军队和"公务员队伍"中稍做历练,然后被推荐到罗马的各个行省做个地方大员,在积累了足够的资历和威望之后,就可以回到罗马,进入罗马共和国的权力核心。罗马的政治传统和法律虽然规定他们不得经商,但是他们却因为控制了罗马最宝贵的财富土地而获利丰厚。当然,罗马创国历史所遗传下来的光荣传统要求他们像老伽图那样奉行贵族式激进的道德理想和特定的精神和肉体苦修。这些传统有时也确实能够发挥一定作用,但是如今却显得过于沉闷,不过是一种"革命遗迹"和日渐褪色的往日理想。

平民对推翻暴政也起到了相当重要的作用,同时由于罗马的不断扩张,原先主要由贵族子弟组成的军队被大大消耗,从而不得不由大量平民子弟来补充军队的数量,以至于最后罗马军队主要由平民所组成。尽管平民对共和国的贡献逐渐增大,但是平民在共和国的政治结构中所获得的利益并没有随之增多,甚至反而变得更少。例如,下层平民由于参加连年不断的战争,往往失去土地,甚至沦为债务奴隶。这使得贵族和平民之间的矛盾越来越深。此外,由于罗马是当时世界的中心,全世界各地的人,或偷渡,或"技术移民",或被劫掠到罗马当奴隶,纷纷来到罗马,其中有许多人最终获得公民权。这些外来移民显然不可能是奔着罗马光辉灿烂的历史而来的,他们对罗马也显然缺乏罗马本地人那样的深厚爱国感情。他们对罗马传统的政体,也具有很大的腐蚀作用。

有贵族,有平民,当然就有新兴的大资产阶级——在罗马,新兴的大资产阶级就是骑士阶层。他们不受任何经商禁令的影响,追随罗马军队扩张的步伐,广泛地从事各种商业活动,获利丰厚。对于那些有助于他们获利的政客,他们大力资助,以商养政。当然,大量金钱的投入与付出,必须要有所回报。到了罗马共和国晚期和帝国早期,他们已经成为罗马相当有实力的一个阶层。

早在西塞罗之前,贵族出身的格拉古兄弟早已经看出了罗马共和国繁荣背后潜藏的这种危机。吊诡的是,他们为挽救罗马共和国所采取的似乎很正确的措施,实际上却反而加速了罗马共和国的灭亡。他们调和贵族和平民的政治努力最后不但以失败而告终,他们自己也被元老院的骑士卑鄙地杀害了。

格拉古兄弟改革失败之后,由于兵源不足,马略改革了罗马的公民兵役制度,取消了当兵的财产资格,从乡村的无产者中挑选壮士入伍,建立了一支专业化的军队。这样一支由农民无产者组成的职业化军队,效忠的不再是罗马的共和政体,而是作为军事将领的马略。由于他们的职业就是当兵,他们生活的来源就是靠当兵时所领的军饷,这使得他们经常成为各种政客和权贵们争权夺利的工具。这样一支职业化的军队,一方面大大补充了罗马军队的兵源,加强了其战斗力,但是同时也使得罗马内部的利益斗争逐渐变得刀光剑影起来。个人的利益,某个特定阶层的利益,都跃跃欲试,试图超越于整个罗马共和国的利益之上,从而严重威胁到了罗马共和国的存在和稳定。

西塞罗恰恰是在这个时候出现在罗马的政治舞台之上。他试图在这个时候挽大厦于将倾,试图通过自己的行动来集合罗马共和国的各种"健康的力量",组成一种"联合阵线",从而形成一种强大的民意,阻止各种不负责任的变革,防止强大的独裁者的出现。

至于这种共和宪政理想的实现，西塞罗则将希望寄托于一个具有高尚的道德，同时集勇敢、智慧于一身的类似于神明一样的人物——西塞罗将这样一个人叫做"princeps"。西塞罗一度认为自己就是这样一个 princeps。的确，他似乎就是为这样一个高贵和伟大的共和国而生的，就是为共和国的这个时刻而生的。从很小的时候他就显现出了领袖的潜质和惊人的天赋。他出色的口才无疑能够使他在旧的罗马共和国的宪政体制中大显身手，在元老院里，他是最活跃，也最具有威望的成员之一。在粉碎喀提林阴谋中，他也确实争取到了健康力量的支持，并且最终粉碎了阴谋，维护了罗马共和国。然后，经过十多年的内战，罗马共和国已经毁朽和沉沦——文明、理想主义、真正高贵的目的和行为不管什么时候都是存在的，然而它们不会成为中心。在罗马共和国，西塞罗所掌握的政治斗争的工具是在政治法庭和元老院面前一次又一次激情和雄辩的演说和辩论，然而这仅仅是在宪政制度能够正常运作和发挥作用时最合适的政治行为，而当时日益分裂的共和国最重要的斗争工具乃是拥有一支完全忠实于自己的私人军队。

历史似乎选择了恺撒的养子屋大维来实现西塞罗的罗马共和国复兴之梦，并且似乎还是按照西塞罗的设计进行的。屋大维最终结束了罗马共和国的内战，而代价之一,就是西塞罗被安东尼所害。屋大维在掌控罗马的局势之后,一度还宣布将内战期间他所享有的一系列非常权力退还给"元老院和罗马人民",并认为自己没有任何超越于执政官的权力,只给自己留下了 princeps 的称号。

一个将罗马共和国当作比自己生命更重要的人,他的学说和思想恰恰是由那个亲手埋葬罗马共和国的人来实现。那个挽救了共和国的人恰恰也是通过一系列改革悄悄地废除共和国的人。不知道西塞罗若是在天有灵,看到历史这一幕的时候又是一种怎么样的心情。西塞罗,这个爱荣誉甚于爱自己生命的罗马共和国之子,最终成了罗马世界的阿喀琉斯,用自己的生命完成了罗马世界最美丽的悲剧。而他对罗马共和国的现实参与和理论思考,则成了后世政治哲学的生动案例和深刻教材。这种来源于历史亲身实践的深刻反省,确实可能比书斋的哲学玄思更加深刻和厚重。

卢曼与他的现代社会观察

卢曼也许是社会理论传统中太重要而又过于被人们忽略的一位学者。关于经典作品,曾经有一个略带讽刺意味,却听起来不无道理的定义——所谓经典,就是那些人人都认为很重要,但人人都畏惧去读的那些作品。如果这个定义是成立的,则卢曼的作品无疑可以归入经典作品之列。

一、 与哈贝马斯的论战

尽管英美学界对卢曼学说的接受,至今仍然是有限的和犹疑的。但在德国理论界,卢曼的重要性,早在1968年卢曼与哈贝马斯的论战之后就被人们广泛承认。① 即便在论战发生之前的 20 世纪 60 年代早期,德国社会学专业圈子里就已经开始快速流传卢曼的研究声誉。佐证的一个例子是,卢曼在同一年通过了博士论文

---

① See Jürgen Habermas, Niklas Luhmann, *Theorie der Gesellschaft oder Sozialtechnologie—Was Leistet die Systemforschung?*, Suhrkamp Verlag, 1971.

答辩和教授资格论文答辩,拿到了社会学的博士学位和教授资格。这在向来以严谨著称的德国学术界中,堪称奇迹。

德国学界也正确地将卢曼与哈贝马斯论战理解成德国社会学复苏和重新进入繁荣时代的标志性事件。确实,这场论战发生的背景是:随着后工业社会和风险社会的来临,19世纪末和20世纪初创立的经典社会学理论已经难以适当地观察和回应复杂社会问题,而新的社会学理论又增长乏力,要么变成了对经典社会学理论的注释,要么变成各种各样的数理统计式的实证研究。卢曼与哈贝马斯的论战,在某种意义上重新激活了社会理论的想象力与思考力,从而再生和复兴了德国社会学研究。事后卢曼回忆这场辩论,不无幽默地说:"它的典型意义是,社会理论首先赢得社会公众的关注,并不是作为一种理论,而是首先作为一次争论而出现。"[1]

卢曼与哈贝马斯在1968年争论最激烈的一个基本概念是意义(Sinn)。哈贝马斯仍然站在欧洲人文主义传统中,因此在他的眼里,意义乃是一种只有人类才拥有的主观的东西,是需要人类通过某种"体验"和"同情"的方法才能够领会的东西。恰恰是"意义"能够将人类社会与

---

[1] Niklas Luhmann, *Die Gesellschaft der Gesellschaft*, Suhrkamp Verlag, 1998, S. 11.

自然世界区分出来，从而使得人文科学和自然科学成为两个相互独立的科学传统。浸淫在欧洲人文主义传统中，意大利哲学家维科是这样理解意义的，德国一代又一代的哲学家，从康德到狄尔泰，到韦伯，到海德格尔，再到哈贝马斯，都是如此理解意义的。因此，哈贝马斯强调生活世界中意义的重要性，批判现代性所带来的"意义丧失"的后果，强调要用交往共识来拯救"意义"。

但卢曼经常冷峻地将此种欧洲的人文主义传统称作"旧欧洲"，因此虽然他经常沿用诸如"意义"等"旧欧洲"遗留下来的概念，但在卢曼的理论世界里，这些"旧欧洲"的概念已经有了大异其趣的含义。例如，在卢曼这里，意义这个概念乃是存在于人与人之间，使得沟通成为可能的那种装置，也即在主体之间，事先已然存在的某种中间性的意义架构系统。就此而言，意义乃是高度技术性的。更具体地说，意义意味着，在某个特定的时间点，拥有多种选择的可能性，并且必须在这多种选择可能性中选择其中的某种可能性。例如，周末晚上，我既可以去电影院看电影，也可以去健身房锻炼身体，也可以选择邀请朋友们聚餐，也可以选择留在家里陪伴家人，或者干脆在书房里安安静静地看书。但我不能同时做这几件事情。因此，我们只能在其中选择一件事情去做。当我最终选择在家里看书时，其他几件事情实现的可能性就被排除了。

但这并不意味着其他可能性就消失了,只能说这些其他的可能性被储存起来了。因此,这些可能性未来还可以被使用。例如,下个周末我也可以选择去电影院看电影。所以意义,在卢曼看来,就是此种可能性(潜在性)与现实性的统一,也就是当我们在各种可能性面前茫然无措的时候,能够帮助我们限制某些可能性,而突显其他可能性,从而使得我们可以比较容易地做出选择。例如,如果在图书馆,我们就更容易地选择阅读这种可能性,而不是聚餐吃饭,否则就容易被看作是乖张荒谬的。而在电影院昏暗的灯光下,我们一般也不会选择阅读这种可能性。卢曼用"复杂性的化约"(Reduktion von Komplexität)来指称意义系统的此种功能。正如美国社会学家弗里德曼曾经指出的,现代社会是一个"选择的共和国"。因此,选择的机会,以及需要做出选择的情境无处不在。这一方面固然体现出现代社会的丰富性和自由,因此也是好的。但卢曼总是提醒我们,在看到事物好的一面的同时,也要注意到它的另外一面。这意味着,伴随着此种选择而来的不仅仅是自由和丰富性,同时也意味着更高的风险和选择的负担。尤其是,如果人类的每一步行动都要进行精细地计算和选择的话,人类就面临着寸步难行的困境。因此,复杂性(即永远存在着多种选择的可能性)的负担过高,就是一件令人难以忍受的事情。因此,必须在人与人之间的交往中发展出某种意义的系统,帮助人类化约这些选择的可能性。而反过来说,这也就意味着,所有的社会系统都是一种意义系统。更进一步地,借助于艾什比(Ross Ashby)的"必要的多样性"原理(the law of requisite variety),意义系统要化约环境的复杂性,自身就必须建构出比环境更大的复杂性。这一方面带来了意义系统内部的复杂性建构,同时也意味着意义系统功能分化的可能性与必要性。而这又进一步地增加了现代社会的复杂性。例如,交通警察仅仅管是否违反了交通法规的问题,而不再过问开车的人其他各种各样的问题。因此,一个交通警察一天就可以处理很多人的交通违规的问题。在这个简单的日常生活的例子中,就蕴含着意义系统复杂性化约的功能与功能分化的原理。

卢曼关于意义的这种理论,与"旧欧洲"人文主义传统中的"意义"概念,基本上是两种完全不同的思想。诸如此类的概念借用和改造的例子,不但造成了对卢曼理论理解的困难,同时也意味着卢曼的理论对"旧欧洲"人文主义传统的冒犯。例如,在"旧欧洲"的人文主义传统中,意义意味着人类共同拥有的精神世界的存在,意味着某种"同情"和"理解"的重要性。而所有这一切都印证着人的高贵性。但在卢曼的"意义"概念中,人的位置被挪移到一个相对不显眼的边缘位置。例如,借助于胡塞尔意识现象学的讨论,卢曼指出两个意识主体之间,存在着某种主体间性,即自我与他我之间的关系。自我与他我存在着某种绝对的界限,是难以逾越的。这导致自我与他我之间,只能是互为黑匣子(black box)的关系。萨特那句著名的话"他人即地狱",不过是对人与人此种关系的一种极端化表达而已。因此,自我与他我之间,只能够通过这种中间性的意义系统联系起来。而通过这种中间性的意义系统所呈现出来的"他者",也不过是一种"面貌"的呈现而已。我们永远无法真正地直接感知隐藏在此种面貌背后的那个他我心里真正想的是什么。因此,在这种理论范式下,人际交往之间的这个意义系统相对于沟通交往中的人而言,具有更根本的重要性。

二、 破除各种"知识论的障碍"

通过卢曼与哈贝马斯于 1968 年那场著名争论中围绕意义问题的争论的简要介绍,相信大家都会对卢曼理论的心性特征及其冷峻的克制精神印象深刻。在整个思想理论研究传统中,卢曼是那种真正的刺猬式的探索者。因此,卢曼既努力地对他所处的那个时代保持一种冷峻的观察的距离,同时也非常反感"左"与"右"等对学者标签化和脸谱化的处理。在卢曼与哈贝马斯那场著名争论后不久,卢曼在接受一家德国电视台采访时,不无幽默地回答记者的一个提问说,他最怕的批评者是那些"愚蠢"(dumm)的批评者。所谓愚蠢的批评者,就是指那些没有经过任何智性的思考,在匆忙地阅读之后,就作出政治性批评的那些批评者。而卢曼本人则一再地提醒我们,生活在这个复杂而无法一目了然的现代风险社会,我们尤其要警惕那种泛道德化的思考方式,将一切问题都放在"好"与"坏"、"善"与"恶"的二元区分中进行观察。因为这样不但于事无补,并且还将阻碍我们对真正问题的反省与解决。就此而言,也许细致深刻的观察比匆忙的行动更为重要。

我们也可以说,卢曼毕生的理论工作,是与各种各样的"旧欧洲"传统的"知识论的障碍"(epistemological obstacles)作斗争。在卢曼看来,各种传统的理论和资源虽然曾经对科学发展做出了巨大的贡献,但其"核心观点缺乏复杂性,过高地评估自己,导向了一个无法被信息化的对象领域,最终是无法令人信服的"。它们使得"不光我们所要求的答案变得越发困难,而且现成的问题和答案还阻碍了进一步的发展"。[①]

卢曼在生命最后阶段出版的集大成之作《社会的社会》中,再次回顾和总结了毕生的理论事业,并指出了自

---

① See Niklas Luhmann, *Die Gesellschaft der Gesellschaft*, Suhrkamp Verlag, 1998, S. 23.

己的抱负,即提供一个关于"社会"的整体一致的社会系统理论,并且将这种社会系统理论贯彻到社会的每一个层面和每一个情境的分析之中。这个抱负在前文谈到的那个电视访谈中,卢曼也曾经谈到过。正如卢曼在那个访谈中提到的,这并不意味着卢曼认为他的社会系统理论是唯一正确的关于"社会"的理论,而是社会理论自身就要求此种彻底性。

在《社会的社会》中,卢曼指出了至少如下四个知识论的障碍,阻碍了社会理论的进一步发展:社会由真实的人以及人与人之间的关系所组成;社会是由人们之间的共识、一致的意见和互相补充的意图组成,或者至少由其整合;社会是由区域和领土划定边界的实体,因此作为社会,巴西区别于泰国,而美国区别于俄罗斯,乌拉圭区别于巴拉圭;作为人的群集和领土国家,社会是能够从外部进行观察的。①

三、象征性的普遍化沟通媒介

由于篇幅的限制,我们不妨选择其中的第一个知识论的障碍进行分析。强调社会是由人构成的,这早在古希腊城邦时代就是理解社会(城邦)的基本范式。而在近

---

① See Niklas Luhmann, *Die Gesellschaft der Gesellschaft*, Suhrkamp Verlag, 1998, S. 24.

代霍布斯等人的社会契约论传统中,这是最基础与核心的观念。正如李猛在《自然社会》中指出的,霍布斯的理论既强调人的个体性,同时又强调这些个体性的个人必须结合在一个社会中生活。① 因此"社会契约"的概念本身就蕴含着社会概念的解体。针对第一个知识论的障碍,卢曼则指出社会是由沟通组成的,而人仅仅是沟通的环境。也就是说,卢曼认为沟通是社会的基本单位。在卢曼的早期著作中,沟通这个概念并不是很突出,反而是其论敌哈贝马斯更常用的概念。卢曼使用沟通这个概念,既受到哈贝马斯的影响,同时也受到最早将沟通当作社会理论研究主题的贝特森(Gregory Bateson)的影响。在卢曼的沟通概念中,沟通由三个部分构成,即信息、通知和理解三个要素。与贝特森一样,卢曼将信息理解成某种差异的产生,其效果是引起某种惊奇。而这种差异必须要通过某个通知的行动被传递出来。但仅仅有这两个要素还无法构成一种沟通,最后此种沟通是否被理解,必须要求另外一个通知的行动,以表明其理解了。例如,当甲说今天是周末时,乙接着说,晚上电影院播映《聂隐娘》。前面一句话包含了通知和信息,而乙的回复则表明乙理解了甲的话。这就构成了一个完整的沟通。当甲再

---

① 参见李猛:《自然社会:自然法与现代道德世界的形成》,生活·读书·新知三联书店2015年版。

接着说《聂隐娘》晚上七点半开始播映时,甲的回复与乙前面的那句话又构成了下一个沟通。因此,理解的要素总是会指向下一个的通知/信息,从而使得沟通与沟通之间能够接续起来。每一个沟通都在当下的瞬间发生。这意味着,每一个沟通发生时,也是它消失的时候。卢曼用"事件"这个术语来描述沟通的这个特征。如此一来,沟通与沟通之间就连接成一种沟通之流。这个沟通之流,就是社会系统。当然,如果当甲说今天是周末,但乙却接着说"地球是圆的",则沟通之流就断裂了。因此,沟通之流往往是很脆弱的,是高度难以实现的。这是因为,组成沟通的三个要素都是相互独立的,其中任何一个要素自身都是偶联的事件。例如,为什么是这条信息而不是那一条信息给系统留下印象?仅仅是因为它被通知了?但通知本身也是高度不特定的——为什么是向这个人而不是另外那个人进行通知?为什么我愿意在众多的通知中选择这个通知进行阅读和理解?当这么多难以实现性联系起来时,就会产生乘数效应,从而使得沟通变得更加困难。因此,社会系统的形成和稳定,必须要解决的一个重要问题是:如何克服沟通的此种高度难以实现性?

针对这个问题,卢曼给出的答案是通过"象征性的普遍化沟通媒介"来克服沟通的这种高度难以实现性。例如,甲很渴,刚好乙手里拿着一箱可乐,甲要求乙将其中一瓶可乐给他喝,乙就未必愿意。但是,通过货币这个媒介,甲支付了乙某些费用,乙把可乐给予甲喝的可能性就大大增强了。在这个过程中,货币就起到了一种象征性的普遍化沟通媒介的作用。之所以说它是象征性的,是因为货币象征着一种购买力,从而使得单靠沟通自身难以实现的事情被实现了;而之所以说货币是普遍性的,是因为它能够买到很多不同的东西,所以是超越于具体情境之上的。甲通过支付费用,大大强化了乙给予甲可乐喝的动机。当然,卢曼同时也指出,在这个例子中,金钱虽然促进了沟通的实现,但同时也带来了新的区分,即有支付能力和无支付能力之间的区分:有支付能力的人得到了服务,而无支付能力的人却得不到此种服务。所以,金钱既是天使,也是魔鬼。

需要指出的是,象征性的普遍化沟通媒介虽然能够强化行为的动机,从而使得沟通的高度难以实现变成比较容易实现,但它们并不是对心理状态的描述,而是一种社会的建构。所以,货币通过支付能力来强化动机,权力通过强制手段来强化动机,法律则通过合法性的评价来强化动机。此外,由于媒介本身具有二值代码的特征,例如权力媒介只能是有权/无权,货币媒介只能是有支付能力/无支付能力,法律媒介只能是合法/非法,象征性的普遍化沟通媒介大大促进了系统的形成,尤其是承担不同功能的子系统的形成与稳定化运作。

卢曼的问题意识和言说语境一直是欧洲社会理论的传统,并且一直是紧扣着与涂尔干、韦伯、帕森斯、哈贝马斯等人的理论的对话进行的,但卢曼用来支撑和建构自身理论体系的资源,却是高度丰富而多元的。除了受到帕森斯与胡塞尔的强烈影响之外,卢曼还受到了20世纪50年代和60年代风起云涌的系统论和控制论潮流的影响。卢曼退休以后,曾经在比勒菲尔德大学做了一系列的演讲,系统地讲述了社会系统理论的基本思想,其中系统地回顾了20世纪60年代系统论与控制论繁荣时期的盛景和提供的理论资源。当然,对于社会系统理论的建构来说,对20世纪50年代和60年代前后系统论和控制论最大的超越在于,认识到系统与环境的区分不再是一种关于某种客体的描述,系统与环境的区分本身具有更根本的地位。

在1984年以后的这一系列著作中,《社会的社会》本来是人们期待特别高的一本著作,但该书出版之后,人们反而有一点点失望。因为这本书几乎所有的主题,都是卢曼此前讨论过的。《社会的社会》更像是对卢曼之前所有讨论过的主题的一次系统的汇总和整理。这与卢曼此前每出版一本书几乎都提供了新的突破和视野,有所不同。尽管如此,《社会的社会》这本书仍然很值得重视。

一方面，虽然书中几乎所有的主题都曾经在此前的论文和著作中被讨论过，但是将这些主题系统地联系起来进行讨论和总结，这仍然是唯一的。而且仔细辨析其中卢曼对于相关具体论题的分析和讨论，我们发现卢曼并不仅仅是在重复此前的论证，而是在新的知识体系中，以不同的角度、风格和侧重点进行讨论。同时，对于刚刚接触卢曼理论的读者来说，这本书提供了一个相当系统和精彩的入门导引和知识地图。

在《社会的社会》自序中，卢曼曾以他特有的卢曼式幽默讲过一个小故事。在所有有关卢曼的故事中，这个故事特别能够打动我。故事发生于1969年，那一年，卢曼成了比勒菲尔德大学这所新型大学的第一位教授。两年以后，这所大学的第一批大学生才注册入学。卢曼说，当他入职时，被要求填写一个"研究项目表"。于是他就将自己的研究项目填成了"社会理论"。在项目持续时间那一栏，填写了"30年"。研究成本那项则填写了"无"。

在讲述这个故事时，卢曼也告诉我们，这个研究项目自从那时设定后，就从来没有改变过。更为这个故事增添一份惊心动魄之神秘色彩的是，在卢曼讲完这个故事以后没过多久，一场意外的大病就结束了这位以冷静与深刻著称的社会学家的生命。前后算起来，从1969年这个故事发生的时候到卢曼1998年去世，差不多刚好接近30年。

西方社会学理论的一次最激进冒险远征

在卢曼所有的作品中,出版于 1984 年的《社会诸系统》[①]被看作是最具有特殊意义的一本著作。在《社会的社会》出版之前,该书被看作是卢曼唯一的一本代表作。卢曼自己在 1985 年的一个访谈中也承认,相对于该书而言,此前的一系列写作(150 篇论文和 30 本专著)都是"零系列写作"(Null-Serie der Theorieproduktion)。[②] 因此,我们也可以说,《社会诸系统》是卢曼自 20 世纪 60 年代从事社会学研究与写作,将近 20 年探索后,在社会学元理论层面最大胆也是最系统的一次总突破,因此也是西方社会学理论史上最激进和彻底的一次理论冒险远征。

一、 社会学的危机与《社会诸系统》的抱负

在《社会诸系统》的序言中,卢曼认为社会学研究正处于巨大危机之中:经验研究虽然成果丰硕,却不能在方

[①] Niklas Luhmann, *Soziale Systeme: Grundriß einer allgemeinen Theorie*, Suhrkamp Verlag, 1984.
[②] Niklas Luhmann, *Archimedes und wir*, Merve Verlag, 1987, S. 142.

法上标示出社会学研究的独特性,从而将社会学研究与其他注重经验研究的学科区分开来;另外一方面,理论研究又没有能力对正在激进演化的社会现实进行理论的观察与创新,而只能在经典社会学理论家的怀抱中做各种各样的文本阐释与概念的组合,这导致社会学理论越来越难以与传记性研究区分开来,同时社会学研究也深陷在各种经典人物与经典作家所构造的各种概念之间种种错综复杂的关系泥潭之中而无法自拔。

就此而言,《社会诸系统》构成了某种走出此种"概念泥沼"的尝试。对于那些社会学史上的伟大作家,卢曼并非缺乏敬意,这些社会学史的伟大先知作家们,在现代社会刚刚发生时,就敏锐地洞察到现代性的发生,并从各个角度和面向上对这个即将或者正在到来的社会进行了艰苦卓绝的探索,提炼出了一系列经典的概念与理论试图予以描述和解释。但随着现代社会不断的激进变革和充分发育,当后工业社会来临时,反观这些经典社会理论家当年提出的概念与理论,却发现他们的很多工作都不过是强调了现代社会的某个侧面,而并没有发展出一种关于现代社会整体的概念、方法与理论。例如,马克思主要是强调了现代社会中经济与资本的面向,韦伯则侧重于文化与宗教因素对社会行动产生的影响。这些经典作家的经典理论对于观察现代社会而言,都是深富洞察力的。

但他们的概念与理论，都仅仅强调了现代社会的某个侧面。

因此，对卢曼而言，经典社会学家对当代社会学研究既构成了"影响的焦虑"，同时也构成了某种知识论的障碍。对卢曼而言，在各种人物传记式的阐释与概念组合之后，古典社会学家当年所提出的各种经典概念的潜能已经被耗尽。重新针对现代社会的现实，提出一系列新的概念工具与方法论主张，势在必行。卢曼认为，新的社会学理论必须符合两个基本特征：一是新的社会学是交叉学科研究，二是新的社会学理论必须是普遍的——这意味着，内在于社会之中的社会学理论本身，也必须经受此种理论的检验。这就是社会学理论的反身性。

《社会诸系统》一书的定位，就是通过交叉学科研究方法的一般系统理论，重新为社会学研究锻造一批新的和有用的概念体系。这样一些概念有：意义、时间、事件、要素、关系、复杂性、偶联性、行动、沟通、系统、环境、世界、经验、结构、过程、自我指涉、封闭、自我组织、自创生、个体性、观察、自我观察、描述、自我描述、统一体、反思、差异、信息、渗透、互动、社会、矛盾、冲突。

二、作为超级理论的一般系统理论

如上所述，作为交叉学科研究的一般系统理论，是卢曼突破传统社会学研究,构造一般社会学理论的关键步骤。因此,我们也可以把卢曼的理论看作是一般系统理论在社会学材料中的应用与检验。作为一种"超级理论",一般系统理论经历了三次重要的范式转变。尤其需要注意的是,虽然借助了库恩的范式概念,但卢曼这里的范式转化并非库恩意义上的,而是通过超级理论的主导性区分的转换,实现一般系统理论的自我扬弃。

就词源学上而言,系统最初指的是一种整体与部分构成的关系。在古希腊的城邦理论(古希腊宇宙论的缩影)中,作为城邦的整体是由作为部分的个人所组成的。个人作为部分要加入整体,首先就必须理解整体。于是,当部分没有正确地领会整体,并且按照整体来行动时,就可能会被认为是对整体的败坏。由此,能够正确理解和贯彻整体的规定性的那部分就变成了部分之中的支配者,而无法做到这一点的那部分就变成整体之中被支配的那部分。支配者既是部分,同时又是代表着整体的那部分。这种系统观很完美地体现在了柏拉图的《理想国》之中。在近代早期,人们逐渐用"普遍性"来理解整体,部分则被看作是个体性。通过个体呈现出普遍性,成为人们理解整体与部分之间关系的新尝试。于是,部分如何克服个体的局限性,通过不断运动实现内在包含的普遍性,就成了整体与部分的新关系。黑格尔《精神现象学》

中个体不断扬弃自身的局限,走向普遍的精神漫游,恰恰就是此种系统观的体现。

随着近代自然科学的发展,整体/部分的范式随后又被系统/环境的范式所取代。这个过程大致发生于20世纪30年代左右,首先来自热力学关于熵与反熵关系研究的刺激,随后受益于生命科学的崛起及其对物理学的批判与超越。随后发展起来的神经生物学、细胞学和计算机理论,以及信息论和控制论等不同学科的交叉与融合,都对此做出了重要贡献。例如,系统/环境区分范式之奠基人贝塔朗菲是一位动物学家,这并非偶然。整体/部分范式的系统观着重的是部分与整体之间的关系,而系统/环境范式的系统观则着重于系统内部各要素之间所构成的特殊关系。由此,某些要素之间形成了某种复杂而稳定的相互关系,从而在这些要素和这些要素之外的所有要素之间,就形成了明显的差异与界限。用贝塔朗菲的话说,前者就是一种"经组织了的复杂性",而后者相对而言,就显得是"未被组织了的复杂性"。我们首先在生命体与它的环境之间的关系中,可以明显地看到此种差异与界限的存在,随后进一步地,我们也可以发现在人类社会中,也存在着类似的情况。同时,这种思想在现代精密复杂仪器的发明和设计中,也得到了广泛的应用。

贝塔朗菲进一步又区分了开放系统与封闭系统的概

念。所谓的封闭系统,就是系统与环境完全隔绝,从而任何环境的变化都无法引起系统的改变。而开放系统则类似于"黑匣子",系统有可能对环境的变化做出反应,但这种反应并不是条件反射式的一一对应关系,也就是说,系统可能对来自环境的同一刺激,做出不同的反应。而系统究竟是如何对环境的变化做出反应的,对系统的外部环境而言,基本是不可知的。①

贝塔朗菲关于开放系统的想法,又进一步地启发人们将数学上的控制论等方法引入系统理论的思考之中,从而大大丰富了一种交叉学科的系统理论研究。此时的一般系统理论研究,已经逐渐导向了"自组织"的概念与思考。但是,这个范式阶段的系统论研究,仍然局限于一种"输入-输出"和结构维持的系统观念,仍然希望通过输入来"操控"作为"黑匣子"的系统,从而"控制"系统朝着"符合自己心意"的方向改变。当然,正如卢曼曾经指出的,这个阶段的系统论范式整体上更关注的是平衡与稳定,以及对各种内外部产生的"激扰"的干涉与排除。这尤其体现在帕森斯的社会学理论中。在帕森斯看来,社会系统的结构,对社会系统中的各要素,产生了某种根本的规定性,从而使得社会关系呈现出某种基本的特征与

---

① 参见〔美〕贝塔朗菲:《一般系统论:基础、发展和应用》,林康义、魏宏森译,清华大学出版社 1987 年版。

稳定性。因此，帕森斯的社会学研究着重关注的是对社会基本结构的辨析与观察，从而发现结构稳定性维持的奥秘之所在。对帕森斯而言，这个奥秘就是结构所承载的功能，因此，社会及其内在的基本结构是既存的，而社会结构所承载的功能则说明了结构的稳定性。帕森斯对社会学的思考起因于对霍布斯式的自然状态的洞察，在他看来，自然状态概念的启示是，纯粹自利型的高度个人主义导向的行动者，很难形成一种稳定的社会秩序。反过来说，稳定的社会秩序必然是通过各种结构和功能发挥作用，并且通过规范的形式将其内化到个人之中的结果。①

一般系统理论的第三个理论范式，就是以自创生为特征的一般系统理论。自创生的概念最早是智利生物学家马图拉纳与瓦瑞纳在生物学研究中提炼出来的理论概念，用来描述细胞与它的环境的关系。细胞不仅自己产生自身等级结构，甚至连组成自身的诸要素，都是自我生产出来的。如此一来，系统与环境的关系的关键，就变成了系统如何通过自身内部的运作，维持系统与环境的界限，以及系统如何可能在运作封闭性的情况下，保持对环境变化的敏感性与开放性。就此而言，"输入-输出"与

---

① 参见〔美〕帕森斯：《社会行动的结构》，张明德、夏翼南、彭刚译，译林出版社2003年版。

"结构维持"的系统观都被突破了。卢曼将此种新的系统论范式运用到社会学研究中,借此突破了帕森斯的结构功能主义,将其转变成了功能结构主义,同此也突破了系统论保守守旧的形象。

帕森斯将一般系统理论第二阶段的范式运用到社会学研究之中,建构了他著名的结构功能主义理论和AIGL范式。这虽然带来了许多批评,例如许多人都指责他的理论不关注变化与革命,具有保守守旧的特征,但他将一般系统理论转化与运用到社会学研究之中,这个转化与运用的过程和逻辑并没有遭遇根本的障碍。而他将第三阶段的以自创生为核心特征的系统理论范式应用到社会学研究之中,却遭遇了一个非常核心的困难。这就是人们长期形成的一个习以为常的观念与印象,即社会是由人构成的。因此,马图拉纳认为生物自创生的理论,绝无可能被应用到对人类社会的研究之中,他甚至对有人如此想而感到震惊。对于马图拉纳而言,自创生只适合于生物体,而社会并非生物体。

得益于神经心理学的启发,同时借助于胡塞尔的意识现象学,尤其是胡塞尔后期《经验与判断》中关于"经验的视域结构"的理论,卢曼对人文科学的"意义"概念进行了激进的重构,将其看作是"实在与潜在"的某种形式的辩证统一。如果说,生物体的细胞是封闭但不隔绝的

"自创生"单元,那么人类心理系统中的"意识"也是如此。得益于胡塞尔,卢曼认识到,现象学是心理学与社会学的共同基础。因此,从意识现象学抽象出来的意义概念,同时也适用于社会领域,社会系统的基本单位,也有可能是自创生的。卢曼认为人际之间的沟通,而不是沟通中的个体,才是社会的基本单位。就此而言,人不但被剥夺了社会主体的地位,同时还变成了社会的环境。而行动这个概念,也在社会学理论中失去了社会学中核心概念的地位和重要性,而变成了归因理论的子概念。[1] 但卢曼并不认为,相比于"旧欧洲"的人文主义传统,在他的理论中人因此变得不重要了。因为在系统/环境的这一对区分中,系统恰恰是通过环境才得以定义的。没有环境就没有系统,就此而言,环境是系统内在的构成性要素。

三、社会的复杂性与偶联性

在社会生活世界中,意义被分成了三个维度:事物维度、时间维度、社会维度。事物的维度,指的是对某物的标示。当我们标示 A 时,就意味着 A 与 A 之外的所有

---

[1] See Niklas Luhmann, "Sinn als Grundbegriff der Soziologie", in Jürgen Habermas, Niklas Luhmann, *Theorie der Gesellschaft oder Sozialtechnologie—Was Leistet die Systemforschung?*, Suhrkamp Verlag, 1971, S. 25 - 100.

"非A"事物进行了区分。时间的维度则意味着,以当下为划分的界限,对此前与往后进行了区分。意义的社会维度则意味着,自我与他我之间形成的复杂动态的关系。

犹如个体的心理系统一样,社会系统是一个运作上封闭,认知上开放的意义系统。社会世界本身包含着无数的要素及其相互之间的关联可能性。当诸多要素之间的连接可能性同时呈现出来时,整个世界就表现为某种混沌而嘈杂的状态。这种混乱而嘈杂的状态很难形成某种稳定的秩序与结构。为了能够形成秩序,就必须在这种向所有可能性开放的混乱状态之中,形成某种比较稳定的关系与结构。

在意义系统中,每一个"当下"都只能选择和实现诸多可能性中的某一个,但没有被选择和实现的可能性并没有消失,而是被储存了起来。那些能够在无限多的要素以及相互连接的可能性中,形成特定数量的要素及其相互之间稳定的关系与秩序的部分,就构成了系统,而系统之外的所有要素与连接可能性,就成了系统的外部环境。

社会世界不但是复杂的,也是偶联的。所谓的偶联性,就是既非必然,又非完全不可能的中间状态,是某种根本的"非决定性"(indeterminateness)。由于意义系统总是动态的和不断进行的,而世界又是复杂的,所以就存在着被迫在各种可能性中进行选择的强迫性。而由于偶联性的存在,则选择就有可能会遭遇到"失望"的风险。社会生活世界中自我与他我互为主体性,互不透明,因此导致了双重的偶联性。但双重偶联性的结构自身就蕴含着走出双重偶联性困境和系统生成的可能性。只要双重偶联性结构中自我与他我走出互动的第一步,则每一步选择都具有化约复杂性、重构交互结构的作用和效果。卢曼将双重偶联性的此种特性,概括为"自我催化的事实"(autocatalytic factor)。因此,对社会系统的生成而言,过程与历史比开端更重要。

由此形成了双重偶联结构中两个层次的自我参照。如果说,第一层次的自我参照,即双重偶联结构中的交互主体通过将"他者"看作是"另一个我",从而通过参照自己来观察他者,乃是双重偶联性问题的根源,则第二个层次的自我参照,即系统的自我参照,通过在双重偶联结构中对交互主体的期待与选择设置条件,从而强化了某些选择的可能性,限制和排除了另外一些选择的可能性,使得一个沟通连接另一个沟通成为可能。通过沟通的此种自我参照式的生成过程,社会系统与作为其环境的个体区分开来,并且通过沟通的递归性的运作,塑造了自己的边界。由此,尽管自我与他我互不透明,但是当两个黑匣子互相靠近时,却创造了社会系统的透明度。社会系统的"白"与作为其环境的自我与他我的"互黑"相对比,恰好就是社会系统对复杂性的化约。

四、 区分理论与系统运作的时间性

意义概念的重要性,使得卢曼能够在一种更高的抽象程度上,将生物学层面的"自创生"概念进一步抽象化,从而使得生物学意义的自创生,变成了更为抽象的一般系统理论层面的"自创生"概念的一个特例。但如果没有接下来围绕区分与观察形成的一系列精彩概念,则社会自创生的概念总是难免会被看作一种精彩的"类比"与"联想"。由于区分、观察(包括二阶观察)和悖论等几个概念与理论,是卢曼在一般系统理论层面对"自创生"形态之说明和解释,因此,它们是卢曼理论中最重要,同时又是最抽象和困难的概念。卢曼《社会诸系统》中关于云端飞行中瞥见村庄、道路与河流等景观的比喻,可以说是最适合于这部分的理论工作了。[①] 有时候,我们为了理解这些概念,而不得不借助于生物自创生等更为具体和直观的更浅层次的概念,但这样做本身不能替代更高远的航线路线的确定。

系统与环境的差异,本身就是一个区分。但问题是,

---

① See Niklas Luhmann, *Soziale Systeme: Grundriß einer allgemeinen Theorie*, Suhrkamp Verlag, 1991, S. 13.

系统与环境是如何维系这样一种差异的。在"旧欧洲"的思想体系中,系统借以将自身与它的环境区分出来的是系统内含的本质。借助于斯宾塞·布朗的运作微积分的理论,卢曼给出的答案是,在系统内部,通过时间的维度,不断重复地执行着系统/环境的区分,从而不断地形成和维持系统与环境的界限。虽然在《社会诸系统》中体现得并不明显,但斯宾塞·布朗的区分理论,在卢曼的社会系统理论中的地位,其实要远高于马图拉纳的自创生的概念。而对于斯宾塞·布朗而言,整个世界都是因为区分而产生的。① 在斯宾塞·布朗的《形式律》一书的扉页,斯宾塞·布朗还专门用中文印了老子《道德经》的一句话:"无名天地之始。"这意味着,正是因为有了区分,才有了我们所生活的这个丰富多彩的世界。正如《圣经》创世神话所揭示的,世界之初,一片混沌,一道光将光明与黑暗区分开来,从此就有了世界。这个世界的任何一个事物,无不是区分的结果。无论是意义的事物面向、时间面向还是社会面向,都以可区分为前提。

根据斯宾塞·布朗的理论,任何的区分,都是二值的,都坚定地排除第三值。例如,一个科学的沟通是就真与假的问题作区分,而不提供任何其他的可能性,例如既

---

① See G. Spencer-Brown, *Laws of Form*, Cognizer Co, 1994.

真且美，或者既有一点真，也带几分假。因此，二值代码化的区分就将大量的可能性排除在外，从而化约了世界的复杂性。篇幅所限，此处不再专门花费笔墨介绍斯宾塞·布朗区分理论的细节。总之，经由区分理论，卢曼得以观察到社会领域中各种各样通过运作性区分构成的系统，例如经由合法/非法之区分的运作性微积分构成的法律系统，经由有权/无权的运作性微积分构成的经济系统，经由真/假区分的微积分运作构成的科学系统等。

当然，斯宾塞·布朗的区分理论对卢曼的社会系统理论更重要的贡献和深远的影响，恐怕是在于他将社会系统理论予以时间化。本来微积分是一种关于空间测量的科学。斯宾塞·布朗的区分理论的革命性，则是将这种用于测量和计算空间的微积分，转化成了时间维度的"数列"，从而使得从一种全新的时间面向观察社会结构成为可能。区分理论与胡塞尔的意识现象学理论相结合，奠定了卢曼社会系统理论最坚实的科学基础。在胡塞尔的意识现象学中，意识是瞬间产生，随即又瞬间消失的。在卢曼的社会系统理论中，沟通是意识现象学的对应物，同样也是瞬间产生，又瞬间消失的。它占据了一个时间，即当下，但当它发生的同时，也是它消失的时刻。由于人类的意识是经由无数次的某个意识瞬间连接另外一个意识瞬间的过程，社会系统也是无数次的沟通瞬间连接着下一个沟通瞬间的过程。由于时间与空间一样，都是无限的，因此这种面向未来的"时间微积分运作"，在理论上也具有无限延续的可能性——只要此种运作能够无限地持续下去。当然，如果这种运作中断了，则社会系统也就崩解和死亡了。就此而言，社会系统非常符合豪斯特的"时间机器"的概念。

任何区分又都是一种观察，观察的核心含义，就是做出区分。因此每一次区分的运作，都是一次观察的运作。所以社会系统本质上又是一种观察系统。例如，每一次法律系统的运作，都是对某个社会事实进行一次合法/非法的区分，因此都是一次有关合法与非法的观察。根据斯宾塞·布朗的理论，观察就是"做出区分，再对区分的某一侧予以标示"。这本身就是一个需要花费时间的过程。当我们从一个观察过渡到下一个观察，并对分界线的另一侧进行标示时，我们就需要从分界线的一侧跨越到另一侧，这同样是一个需要花费时间的过程。对于意义系统的运作而言，为了保证各个运作之间的稳定连接，观察的对称结构往往不得不转化为一种非对称的结构，例如，法律系统的观察，往往将合法性标示为首要价值，政治系统的观察，往往将执政标示为首要价值。但这并不意味着跨越界分线是不可能的，例如，根据法律系统的观察，行为也有可能从合法转变成不合法。

任何观察与区分,都有自己的盲点。从时间的向度上说,由于任何观察和区分的动作都存在于时间之中,因此,任何观察与区分的运作,都不能同时观察到正在做出观察与区分这件事情本身。能够对这件事情做出观察与区分的,只能是下一个观察与区分。此外,任何的区分,都不能将区分运用到自身上。例如,合法/非法这对区分,就无法对合法/非法区分本身的合法性进行判断。这就产生了观察和区分的悖论。当观察与区分的运作遭遇到悖论时,观察和区分就难以继续进行下去,因此就可能造成系统的崩解。为了维系系统的运作,系统就必须将悖论隐藏起来。化解悖论的方式,从运作的层面看,就是把运作与观察分离开来,从而使得系统的任何一次运作都是盲目的,而对该项运作的观察则必须由下一次运作做出,从而下一次运作对上一次运作的观察,就变成了二阶的观察。从二值代码的层面看,一个二值代码式区分的悖论,只能被另外一个二值代码式区分所观察到。例如,关于法律的合法性的问题,就只能在政治或者道德的层面进行观察。这本质上是一个系统对另外一个系统的观察。就社会功能系统内部而言,则只能通过编码的方式来容纳悖论,从而实现系统的创新与调整的可能性。

五、结语

如今距《社会诸系统》出版已经有 30 多年的时间,卢曼著作中唯一可与《社会诸系统》相提并论的另外一部巨著《社会的社会》,距其出版也已经过去了 20 年。这意味着,卢曼离开这个世界也已经几乎 20 年整了。卢曼逝世 20 年后,其思想的热度并没有随着他的离世而减弱。卢曼理论的影响力不断突破德语文化圈的界限,在欧洲、拉美和东亚的影响力不断扩张。甚至英美学界,尤其是英国学术圈,最近十年多的研究卢曼的力量,也在不断地成长。

我们以这样一种历史的眼光来回顾卢曼的《社会诸系统》,一方面,可以发现,这确实不辜负卢曼"零系列"写作后第一本成熟著作的评价。这本书以一种难以想象的密度和体系完整性,为卢曼此后 20 多年的社会系统理论研究,提供了一份完整而清晰的工作蓝图和理论工具。本文限于篇幅,只能择其精要做一些简明扼要的概括与介绍,难免会错过书中许多极为精彩的理论构思与分析。对于整个西方社会理论界而言,这不啻扔下一枚核弹,炸开了当时僵化保守的社会理论界的"脑洞"。另外一方面,按照卢曼自己的说法,以《社会诸系统》为代表,"零系列写作"之后的写作,其核心特征,就是不再像"零系列写作"那样,处于不断的修改和尝试的实验性写作之中,但《社会诸系统》也并非没有任何调整的余地。例如,在《社会诸系统》中,"自创生"的概念仍然占据着核心的地位,但随着卢曼写作与思考的继续深化,此后斯宾塞·布朗的形式区分理论以及由此到来的关于悖论与二阶观察等概念工具,在卢曼理论中的分量越来越重,甚至最后超过了"自创生"概念的重要性。这一点也许是大多数国内卢曼研究者所没有注意和体会到的。

总之,卢曼1984年的经典巨著《社会诸系统》,无论是对于我们理解卢曼的社会系统理论,还是对于我们观察理解西方社会理论的传统与变革而言,都具有非常重要的参考和借鉴价值。笔者与杨登杰教授合译的《社会的社会》,经过长途跋涉,同心合力,即将出版面世,而《社会诸系统》的翻译与出版,目前看来却仍然杳无音讯,不禁令人感叹和遗憾。

自由也是有成本的
——评《权利的成本：为什么自由依赖于税》

尽管桑斯坦(Cass R. Sunstein)本人被定义为自由主义的左派，然而阅读其著作，最好不要时时把这个想法挂在脑边。正如桑斯坦在探讨最近几十年美国最高法院判决风格的时候所总结的，对于具体问题的研究和解决，需要更多关注的是特定的事实和细节，而对个人的价值倾向和学术立场，则要尽量保持一种自我克制和冷静。况且所谓的学术派系，往往是一种印象式的结论，具体的论证过程，则往往会突破个人的学术立场。这也就像最高法院法官在判决时候的表象：以主张原旨解释出名的斯卡利亚大法官在某个特定的案件中，会选择采用历史解释方法；而政治立场保守的法官，也可能会同意自由派法官对某个具体结论的论证。

桑斯坦这本和著名政治学者霍尔姆斯(Stephen Holmes)合作的小书《权利的成本：为什么自由依赖于税》[①]，也维持了桑斯坦一贯的风格，不预先设定自己的

---

① 〔美〕霍尔姆斯、桑斯坦：《权利的成本：为什么自由依赖于税》，毕竞悦译，北京大学出版社 2004 年版。

政治立场,而是让经过冷静分析而展现出来的事实说话。因此,该书也同时引起了自由派和保守派的不满和批评。就我个人对桑斯坦的了解而言,桑斯坦并不是一个以抽象思辨能力见长的哲学家,而是一个以对具体案例的分析见长,具备极强的常识感的法学家。所以若说桑斯坦有什么特别值得学习的地方,未必是他的结论,而是他对事实的敏感和他论证的方式和技巧。

正如作者在致谢中所提示的,刺激作者思考的是苏联解体之后,东欧各国在保护公民个人权利方面和构建市场经济方面各种失败的记录。霍尔姆斯曾经在芝加哥大学担任"东欧宪政研究中心"主任和《东欧宪政评论》的主编。俄罗斯宪政改革经验使得霍尔姆斯再次强烈体验到霍布斯在《利维坦》中阐述的道理——若是没有一个公共权力来维持和平、稳定和公正的社会秩序,那么极端的自由将走向其反面,变得没有任何自由。在这种状况中,不但自由的市场无法建立,经济无法发展,而且人与人之间将处于一种弱肉强食的状况之中,也就是人与人之间的战争的状况。而《权利的成本》一书实际上则是从财政的角度,在20世纪末的语境之下,重申了霍布斯所揭示的这个道理。从一个软弱的政府无法保护权利,无法维持市场经济的正常运转,自然地推论出了权利也是需要成本的。从这个角度,作者强烈质疑了伯林所做的关于消极自由和积极自由之间的划分,而强调任何自由权利,都需要国家来进行界定和保护,从而都是积极自由。而强调国家的重要性,若是从财政的角度来看的话,则无疑就是强调了税收的重要性。

然而,这并不是一本研究税法的专著,所以作者并没有对各种税收原则,以及诸如累进税制的合理性进行探讨。作者的目的无非是想指出一个明显的事实:无论是消极权利还是积极权利,都是需要政府花费巨大的开支来维持的。因为权利是有成本的,所以权利就不是无限制的,至少要受到成本的限制。而政府的财政开支是有限的,所以何种权利可以得到优先保护,就涉及了利益分配的问题。而利益分配的问题,说到底是一个民主过程,也是一个政治的过程。因此,任何的权利,都是一种政治权利。而恰恰也是因为强调了共同体在保护权利方面的重要性,所以权利就必须受到限制,就必须强调权利享有者对共同体的责任。在这个意义上,作者认为,在美国,权利已经走得太远。权利的享有者为了更好地保护和享受权利,就必须对共同体承担责任。例如,作为消极自由的传统的财产权,在作者看来,并不能仅仅从自身寻找到合法性的基础,而有其政治哲学方面的含义。而保护财产权的最有效的方法,则是使得没有财产权的人,能够不至于因为绝望而铤而走险,也相信自己能够通过合法公平的手段获得财产权。即使财产权是天赋人权,若没有稳定的社会状况,这种权利也无法得到切实保障。在这个意义上,霍尔姆斯和桑斯坦为福利国家政策做了一个辩护。而饱受批评的福利政策的效果,在两位作者看来,即使在传统的权利保护方面,也同样存在。解决之道,一方面是要优化政治结构,另一方面,则是要改变福利权的结构,使得福利权能够"类似于财产权或者请求损害赔偿的权利,利用公共支出提供给积极权利的个体某些为实现他们目的所需要的资源"。所以福利政策除了最低生活保障政策和老年人福利政策之外,更要强调对教育的投资,提高弱者的职业能力和生存能力。

虽然书中没有直接引用哈贝马斯的作品,然而桑斯坦对哈贝马斯的商议式民主概念非常欣赏,并且实际上也像哈贝马斯那样,直面共和主义和自由主义之间的张力,试图揭示出两者在概念和事实层面的密切联系。例如,书中强调言论自由的重要性,和哈贝马斯强调公共舆论空间的重要性,就有异曲同工之妙。这也许是桑斯坦被定位为自由主义左派的一个重要原因。指出这样一个理论背景,对于理解这本书的理论贡献,也许不无助益。而该书对于中国法学乃至学术的贡献,除了上文提到的分析方法的启发之外,也许还在于能够使人更加深刻地认识到,政治体制改革的重要性和刻不容缓。当然,需要提醒读者的是,即使是传统的自由主义,其强调对政府权力的警惕,也并不一定意味着要削弱政府能力,至少两者在概念上没有必然联系。

英格兰基层司法与韦伯的普通法问题

韦伯的英格兰例外论,是中国学界比较熟悉的一个老话题。其中,法学研究者尤其关注韦伯对英格兰司法的批评。概括而言,韦伯对英格兰司法的批评主要分成两个部分:一个部分是对英格兰普通法的批评,认为英格兰普通法虽然是"形式性的",但却"并非基于理性概念下的'前提假设',而是援用'类推'以及具体'判例'之解释",是一种"经验的裁判";另一个部分是对英格兰基层司法的批评,认为其是"基于某种具体伦理的,或其他实践的价值判断所作出的非形式化的裁判",是一种卡迪司法。韦伯认为,无论是英格兰普通法,还是英格兰的基层司法,都不符合现代资本主义所要求的形式理性的特征,而英格兰又是世界上第一个产生资本主义的国家,这二者构成了一种严重的紧张关系。这就是韦伯的普通法问题。

一、形式理性 vs. 反思理性 vs. 实用理性

包括本人在内,已经有许多学者对韦伯的英国法问

题做出了回应,指出英格兰普通法是一种独特的理性形态,用韦伯的形式/实质、理性/非理性这两组概念形成的四组理想类型——形式理性、形式非理性、实质理性、实质非理性——并不足以理解英格兰普通法的理性。① 因此,问题的关键不是英格兰普通法机制的运作原理有问题,而是韦伯的概念工具不够用。可以说,对韦伯的此种回应,其所依赖的经验与现象基础,乃是英格兰普通法机制的运作形态。

有趣的是,除了基于英格兰普通法的经验基础对韦伯的英国法命题所做的回应之外,最近也出现了基于英格兰基层司法经验对韦伯英国法命题的回应。河南大学法学院的杨松涛兄最近的一篇文章,简要地介绍了这方面的研究信息。② 首先,他认为韦伯对英格兰基层司法的概括是不准确的:在韦伯所处的时代,英格兰基层司法档案的发掘和研究仍没有系统展开,而随着西方学者对英格兰基层司法档案的系统整理与研究,我们已经能够更加清晰地观察英格兰基层司法的面貌;他们发现,至少

---

① 参见李猛:"除魔的世界与禁欲者的守护神:韦伯社会理论中的'英国法'问题",载《思想与社会》(第 1 辑),上海人民出版社 2001 年版;泮伟江:"英格兰宪政与现代理性官僚制问题——重访韦伯的'英国法问题'",《天府新论》2013 年第 5 期。
② 参见杨松涛:《韦伯英格兰司法理论再辨析》,《中国社会科学报》2013年 11 月 11 日。

就英格兰犯罪史学的角度看,英格兰基层的治安法官们在审理轻微刑事案件时,还是尽量遵循法律的原则,在此基础上根据案件的实际情况灵活作出判决。

此种关于英格兰基层司法现象的全新描述,非常有趣。然而,松涛兄在此基础上提供的理论建构,却非常可疑。松涛兄认为基于普通法机制的经验基础所概括出来的诸如"反思理性"等概念,仍然局限在韦伯的框架内,是不够的。因此,松涛兄提出了一个概念,即"实用理性",用以替代韦伯提出的"形式理性"的概念。然而,"实用理性"与"反思理性"在方法论层面的差异究竟体现在什么地方呢?如果说,"反思理性"局限于韦伯的概念框架内,"实用理性"又何尝不是?松涛兄在解释"实用理性"与"形式理性"的区别时,强调前者是有现实基础的,后者不过是"从概念出发对社会现实的一种构造"。但"反思理性"同样有着坚实的现实基础。如果说,对英格兰基层司法档案的整理,是比较晚近的事情,则对英格兰普通法的诉讼档案的整理与系统研究,恐怕要远早得多了。尽管如此,韦伯仍然对普通法做出了经验主义的批评与指责。由此可见,在方法论层面,韦伯的概念锻造与建构的问题,并不能通过指出经验现实的问题而被消化与解决。方法论层面的问题,仍然必须要有方法论层面的解决。同样地,概念的问题,虽然可以通过经验现象进行验证,但概念建构问题本身,仍然必须要被放到基本方法论的层面进行反思。松涛兄的"实用理性"的概念果真要超越韦伯的"形式理性",恐怕对韦伯社会科学方法论进行细致全面的分析工作,是省不了的。而这又恰恰是杨文中几乎只字不提的。

二、 基层司法与中央司法的关系

除了韦伯问题之外,松涛兄文章中包含的另外一种观点,也值得做个简单的回应,那就是英格兰的基层司法与中央司法之间的关系问题。首先,松涛兄认为韦伯对英格兰法的批评,主要指向的是基层司法,这一点就很难站得住脚。的确,在《支配社会学》和《法律社会学》中,韦伯多次对英格兰治安法官的基层司法进行了描述和批评,但在这两本著作中,韦伯对英格兰普通法机制,也就是杨文所说的中央司法机制,也有很多描述与评论。很显然,在韦伯那里,两者至少是并重的。例如,在《支配社会学》中,韦伯曾经有一段对英格兰基层太平绅士的相对比较集中和系统的描述,该描述更侧重于将太平绅士看作是英国地方行政的担纲者,其性质乃是传统的地方望族行政。与其形成鲜明对照的则是"具有专业训练的普通法法官",也就是松涛兄所指的"中央司法"的担纲者。所以,当韦伯谈论英格兰的治安法官们时,他主要是在谈论英格兰的"乡绅阶级"——其前身乃是封建制和庄园领主制下的庄园领主们,随后又与城市坐食者以及一部分活跃的企业家阶层融合,最终在清教主义的影响下,褪去"半封建的特质",逐步被同化为"具有禁欲、道德主义和功利主义色彩"。尽管如此,韦伯认为到了18世纪这个转化的过程还没有完成,两种特质的对立仍然很明显。①松涛兄所提及的英格兰犯罪史学研究基于英格兰基层司法档案揭示出来的,主要是英格兰18世纪基层司法运作的图景。而根据韦伯的判断,18世纪的太平绅士们,已经受到了清教主义的影响,变得更专业,而支薪的治安法官数量也开始不断增加。传统的不支薪和未经专业训练的治安法官,在技术上已经日益难以胜任这份工作。②

从韦伯此处关于太平绅士的描述和观察来看,韦伯更侧重在望族行政的意义上来观察和理解英格兰基层的太平绅士的工作性质。被韦伯拿来进行对比研究的,并非德国的"中央司法",而是中国的地方乡绅。在理想类型的比较方面,则主要是望族行政、家产官僚制和理性官僚制这一组概念。

---

① 参见〔德〕韦伯:《支配社会学》,康乐、简惠美译,广西师范大学出版社2004年版,第176—185页。
② 参见〔德〕韦伯:《支配社会学》,康乐、简惠美译,广西师范大学出版社2004年版,第185页。

韦伯讨论英格兰法的特质主要还是集中在《法律社会学》一书,尤其是该书的第四章第一节关于法律人职业教育部分①,以及第八章的第三节关于英国司法裁判的观察②。从这两部分内容,以及其他分散在《法律社会学》与《支配社会学》不同部分的零散内容来看,韦伯确实将太平绅士的基层司法也看作是英格兰法的重要组成部分,并且将其作为英格兰法的"形式理性"不足的一个证据来看,但当韦伯在强调英格兰法的经验性格时,更多的仍然是着重于描述英格兰的"实体法与诉讼程序"。这也对应着韦伯在区分法律的实质理性与形式理性时,着重强调形式理性法的"法命题"的特征。因此,当韦伯强调英格兰法的经验性格时,是将其与欧陆法的"理性"性格进行对比的,而其具体的含义,就是:"英国的法发现无论如何都不是像欧陆那样一种'法命题'的适用。"③

由此可见,当韦伯论述"英国法"问题时,他并没有在犯类型学的错误,拿英格兰的基层司法与德国的中央司法进行比较,而基本上是在同一层次的司法机制(松涛兄

---

① 参见〔德〕韦伯:《法律社会学》,康乐、简惠美译,广西师范大学出版社2005年版,第184—187页。
② 参见〔德〕韦伯:《法律社会学》,康乐、简惠美译,广西师范大学出版社2005年版,第332—336页。
③ 〔德〕韦伯:《法律社会学》,康乐、简惠美译,广西师范大学出版社2005年版,第335页。

所说的中央司法）上进行比较。就现象基础以及笔者访德期间所做的调查而言，如今德国的基层司法，有许多情况，与英格兰的基层司法，相似性远大于差异性。事实上，基层司法是一个社会学的概念，主要是指在初审法院之下的准司法机制，不仅在英格兰存在，在美国、德国以及中国，都是广泛存在的。由此倒推，想必韦伯时代的德国基层司法，也未必完全符合韦伯的形式理性。

当然，之所以说松涛兄这个观点值得做个回应，主要是因为他将基层司法与"司法"混为一谈，这个错误在中国法学研究中具有典型性。实际上，就像我们谈论诸如"英格兰普通法是一种判例法"等命题时，我们谈的与英格兰的治安法官基本上没什么关系。然而，在现实中我们往往忽略这一点。就英格兰普通法的例子而言，我们可以确切地说，是中央司法，也就是普通法法院所司之法，定义了英格兰司法的性质。而基层司法则是一种类比意义的司法，或者更客观地说，是一种不完全意义的司法。恰恰由于其类比性与不完全性，它的"更为自由"的特征才得到了容忍，哪怕此种"更为自由"夸张到卡迪司法的程度。

与许多法社会学研究者一样，松涛兄之所以混淆基层司法与中央司法之间的差异，甚至反过来以基层司法的特征来逆向要求中央司法，并因此以"实用理性"来破除中央司法的"形式理性",其背后的理论根据,乃是将司法仅仅看作是一种个案纠纷解决的手段。然而,现代司法的功能已经远非个案纠纷解决的手段,事实上,就个案纠纷之完美解决而言,司法也非最合适之工具。相反,现代司法通过判例形成抽象之规则,在现代抽象陌生人社会之建构方面,承担了更为重要的功能。因此,此种"实用理性"对"形式理性"的反抗与起义,虽然具有美学与情感的共鸣性,却注定没有出路。

美国法律学会：美国化的边沁主义法律改革实验室

最近,清华大学法学院院长王振民教授被美国法律学会(American Law Institute)吸收为外籍会员的消息,又再次将这个略显神秘的美国民间自治机构推到了中国人的视野之中。美国法律学会今年总共吸收了40名新会员,其中王振民教授和澳大利亚联邦法院的首席大法官詹姆斯·奥尔索普教授是仅有的两位外籍会员。

王振民教授并非第一位成为美国法律学会会员的中国法律人。第一位被美国法律学会吸收为外籍会员的中国法律人是如今任教于北京社会科学院的许传玺教授。而多数中国法律人,恐怕是在2005年许传玺教授的"院士风波"中,才对该机构有所了解的。当时教育部、司法部、中国法学会以及中国政法大学,为许传玺教授当选"院士"举办了隆重的仪式,而当时国内主流媒体,例如《人民日报》《光明日报》《新京报》等都对此事进行了报道。这引起了国内部分学者的质疑,他们认为American Law Institute不应该被翻译成美国法律研究院,Membership 也不应该被翻译成"院士",而应该是"成员"。因为将 Institute 翻译成"研究院",将 Membership 翻译成"院士",虽然在学术上是一种可被接受的译法之一,却很容易在中国的语境下引起误解。经过一番澄清,大家也清楚地了解到该机构的性质与中国科学院、中国社会科学院等机构相比,差异还是挺大的。前者是一个民间机构,而后者则带有官方性质。当然,美国的民间机构往往也具有很大的权威性,有时候其声誉并不比官方机构差。

此次王振民教授被该机构吸收为会员,虽然清华大学的官方网站,以及一些法律网站都进行了报道,但语气都谦虚了许多,老老实实地将该机构翻译成"美国法律学会",将王振民称作"外籍会员"。但这并没有影响我们对王振民教授的尊重,以及为他感到高兴。

那么,美国法律学会究竟是一个什么样的民间机构?由哪些人组成?平时都做些什么事情?它是怎么来的,又在美国法律机制中,发挥了何种作用?

多数人在听到王振民教授当选会员的这则消息时,恐怕心里都会有这些疑问。但国内关于该机构的介绍和研究,又相对稀少,所以最后对这些问题,都不了了之。

其实,仔细了解美国法律学会的历史,以及该会一直致力推进的诸项工作,可以帮助我们更好地了解美国法律传统,甚至美国社会的一些重要特征,而中国法治建设,其实可以从中吸收很重要的启示。

美国法律学会创办于 1923 年,正是美国现实主义法学思潮涌现的时期。当时的一批学者和法官,对美国司法体制的一些缺陷感到非常不满,认为在司法案件日益增多的情况下,美国既有的司法体制以及普通法的运作模式,往往会造成司法裁判的不确定性和法律混乱的现象。当时对美国普通法司法体制的此类批评,与边沁当年对英格兰普通法司法机制的批评,有若干对应与相似之处。然而,与边沁当年彻底否定与推翻普通法机制,代之以全新的法典化的成文法模式不同,当时的权威法律学者与法官,对普通法的基本机制,还是赞同的。因此,相比于 18 世纪末和 19 世纪初边沁的激进主义改革主张,他们决定采用更加实用主义的新方案。于是,承担着此种法律改革的期望,一个全新的民间机构就如此诞生了。

如果说,美国法律学会成立的宗旨,就是为美国的法律改革做出贡献,那么它具体的工作内容是什么呢?这还得从 1923 年其成立大会中,由著名法官卡多佐所提出的一份报告说起。在这份报告中,卡多佐等认为美国法律还存在着许多缺陷,并且在法学家中对普通法也缺乏一致的理解。因此,他们认为有必要撰写"在缺乏权威解说的情况下仍然能够理解法律的基本问题的法律重述"。

这就指明美国法律学会此后工作的重要内容——通过对美国司法判例的研究，以及分散的诸成文法规的整理，对美国法律的材料进行系统地整理，将分散的材料统一起来，将它们体系化与科学化，从而改进美国法律体系的系统性与科学性。

很难想象，如果缺乏清晰的法律概念与成熟的法律思维能力，这样一种系统化的整理和重新表述的工作，将如何可能。在这方面，美国法律学会所面临的困难与任务，与边沁当年所面临的困难与任务，也是相类似的。据说美国法学史上最天才的人物，即霍菲尔德所提出的一套用来描述和分析普通法的方法和学说，对美国法律学会的法律重述工作，提供了重要的帮助。

很显然，法典重述运动的工作成果，与美国国会创立的联邦法律，在形式上具有相似之处。但美国法律学会是民间机构，其整理和重新表述的法律规则，并不具有规范性的法律效力。但是，由于它以实证法及判例为素材，所以经过整理而形成的表述更加清晰、更加系统的"规则"，往往是理解实际发挥作用之"实在规则"的重要工具。并且，由于法典重述的作者们往往是权威的法学教授、律师甚至法官，所以他们所整理和表述的法律规则，具有一种学术的权威性和参考价值。因此，自 1923 年以来，法典重述运动非常成功，甚至成功地对成文法体系发生了实际的影响,很多成文立法都接受了法典重述所提供的内容及表述方式,或者在其基础上做进一步的修改。在此情形下,美国法律学会乘胜追击,又开展了一系列"模仿法典"运动,通过创立高质量的"法典建议稿",来影响美国立法机构的立法活动,提升其立法质量。而法学院的学生,甚至法律实务人士,也将这些文本当作学习和理解普通法的重要参考材料。可以说,通过科学化的工作促进现实世界制度的改善,美国法律学会为我们做了一个很重要的榜样。

美国法律学会的法典重述工作的成功,一个很重要的原因,就是其与美国现行有效运作之法律体系,保持一种既紧密,又克制的关系。作为一种科学化的机构,美国法律学会强调自身工作的科学性,主要是通过其工作的科学品质来影响现实制度的改进。但美国法律学会并未站在一种居高临下的位置,以某种特定的整体性学说,从价值、规范、伦理、道德等诸方面对美国现行法律体系进行整体性批判。否则,美国法律学会就成了"美国批判法学学会"了。美国法律学会的法典重述工作,基本上是以描述、整理、科学化和体系化美国实证法与判例法的素材为核心内容。这样一种整理的工作,当然也包含着某种批判性的态度,但此种批判性的态度是高度克制和分析性的。

这就要求，美国法律学会的工作也必须随着美国法律实践的发展而与时俱进。而事实上，美国法律学会也是这样做的。从1923年到1944年间，美国法律重述运动主要集中在契约、侵权等核心法律领域，通过重述后的相关法律素材，帮助法律实务人士理解普通法的基本原理。从1952年开始，又对这些法典重述的内容进行修订，同时新增对产品责任法、律师法、信托法等新兴法律领域的法律重述工作。

第二次世界大战以后，大量参军的美国法律人复员，回到法律领域工作，却发现战争期间，美国法律实践发生了许多变化、发展和进化。为了帮助这些法律人适应法律实务工作，同时也因为罗斯福新政以来，出现了大量的独立管制机构及其发布的法规命令，美国法律体系变得更加复杂，美国法律学会又与美国律师协会合作，开展法律人的再培训项目。这方面的工作，目前也成了美国法律学会工作的一个重点。如今，随着法律全球化运动的展开，美国法律学会又更加注重国际交流方面的内容，将其作为今后工作的一个重点，关注全球范围内的法律改革与法学教育的完善。清华大学法学院最近十多年对中国法学教育改革的贡献，以及对英美普通法教育的推广和探索，其成就有目共睹。目前，清华大学所培养的一批优秀的法律人，也活跃在许多涉外的法律领域。作为清华大学法学院的院长,王振民教授获选成为美国法律学会的会员,或许也包含着对清华大学法学院最近这十多年成绩的某种肯定和鼓励吧。

总之,美国法律学会在美国法律机制中,发挥了一种既超脱、又入世、既灵活、又忠实的独特作用。美国法律学会已然成了美国法律体系中一道相当亮丽的风景线。而美国法律学会独创的影响和促进本国法律体系改善的模式,也很值得中国法律人借鉴与学习。

如何理解现代西方？

我们都说鸦片战争把我们从"天朝上国"的迷梦中打醒了，让我们不得不接受这样一个事实，即在"天朝上国"之外，不仅存在着蛮夷之邦，也存在着高度文明的政治和经济实体。鸦片战争后中西之间一次又一次的碰撞和较量，既是对中国人向来自信的民族文化自尊心的强烈打击，同时也逼迫着中国人不得不睁开眼睛看世界，从而发现中国并非"天下"，不过是一个未完成民族国家转型的古老王朝而已，并且它也不是世界的中心，在整个资本主义的世界体系中反而是处于边缘的。

从此以后，古老的中国如何在这样一个由西方列强所带来的世界体系中占据一个合理的地位，便成了传统中国必须面对和解决的一个核心问题。由于这样一个问题是由西方的入侵所引起的，因此这个问题通常又被理解成中西的问题。同时，由于这样一个问题的本质是传统中国的现代转型，因此，这个问题的实质则是古今的问题，也就是中国现代性的问题。

古今问题和中西问题的这种交叉和重叠，很容易让人形成一种印象:古今问题便是中西问题,或者"古"即传统中国,"今"即现代西方。向现代西方学习,改造传统中国,便成了鸦片战争之后许多中国仁人志士所孜孜以求的一个方向和目标。然而,鸦片战争后迄今将近 200 年的学习现代西方的实践,并没有完全成功地完成传统中国的现代转型,使得许多人对中西古今问题的这种传统理解产生了怀疑。一方面,汪晖等人已经开始思考"什么是中国"的问题,而许多儒学的信奉者也开始尝试重新用儒家的政治哲学和概念体系来化解当代中国政治的危机;另一方面,刘小枫和甘阳等人也重新对"什么是西方"这个问题进行了反思,强调西方不仅仅包括现代自由主义的西方或者资本主义的西方,同时也是柏拉图和亚里士多德的西方,以及基督教和中世纪的西方。

强调用一种纵深的眼光来理解和认识西方和中国,认识到中和西这两个概念自身的复调性质,这显然是很有意义的。但是,如果我们像拉康的心理分析治疗那样,将思路还原到引发问题的最初创伤点,则鸦片战争之后给中国带来种种屈辱和创伤的西方,给传统中国带来翻天覆地变化的西方,恰恰就是那个与工业革命、资本主义市场经济体系和自由主义政治体制联系起来的西方。正是这个现代意义的西方,在自给自足的儒家天下观念体系中撕开了一道又长又大的缺口,从而使得传统中国的基本合作体系和概念体系显得笨拙、落后和无能。这既引发了中国人学习和了解现代西方的努力,同时由此所带来的屈辱感受,则又引发了与之相反的反现代西方的冲动。通过将现代西方稀释成整个西方,从而通过传统西方和传统中国之间的某种共同性来模糊当代中国现代转型的现代西方背景,这种做法本身就与中国的现代性创伤所引起的屈辱感和反现代性冲动紧密相连。由此可见,中西古今的问题,核心仍然是古今的问题,而如何理解现代西方,则是理解当代中国现代性转型问题的关键因素。

当然,在西方世界的内部,对这场开端于17、18世纪,迄今仍然在深入推进的现代性运动的内涵的理解,同样也呈现出了一种相当复杂的面貌。诸如像海德格尔、斯特劳斯这些迷恋古代西方世界的哲人来说,西方的现代性运动无疑是一种虚无主义运动,乃是对何谓存在、何谓真理等古代世界中最根本问题的遗忘和逃避。而在伏尔泰和康德等启蒙主义者看来,由他们发起和推进的现代性启蒙运动,则标志着人类理性的成熟。这在一定程度上也是由于这些哲学家们所处的立场不同。

无论对这场发源于现代西方,并且逐渐扩展到全世界的现代性运动的评价如何地不同,承认这样一场现代性运动的彻底性,即整个现代世界和传统世界的本质性分裂,早已是共识。结果便是,用传统世界的那些概念来描述和理解这场现代性运动及其后果,就显得相当困难。因此,这场现代性运动在思想层面最初的反映,便是概念的更新和观念的革命。洛克曾经说过这样一段话,很好地表明了这一工作的性质:"对于世界上已经通用的一些字眼和名词加以挑剔,或者被指责为一种不恰当的非难,但是当旧名词易于使人陷入错误时,则提出一些新名词来可能不会被认为是不对的。"① 各种各样的奇思妙想不断地从人们的脑海里冒出来,被他们用来重新理解和解释旧观念所解释不了的现象。马基雅维利的君主论、霍布斯的主权论、洛克对私有财产权的解释、笛卡尔的主体怀疑论、斯密的自由经济秩序、孟德斯鸠的三权分立学说连同牛顿的力学定律,都意味着对世界进行重新解释的可能性。

如果我们注意到这些处于新旧转折时期的伟人们在锻造概念时所经历的痛苦和所用概念的模糊性,就更加可以看到这种新旧世界转折的特点。正如昂格尔所说:"自孟德斯鸠以来,传统的创立者的著述中常见的许多模糊之处,或者是这些思想家还没有割断将他们与更为古老的观念绑在一起的联系,或者是因为他们用古人的惯

---

① 〔英〕洛克:《政府论》(下篇),叶启芳、瞿菊农译,商务印书馆 1996 年版,第 33 页。

如何理解现代西方?

常术语来表达用古代政治哲学语言无法充分阐述的思想。"①

从今天的视角来看,有两种理论资源对我们理解这场开始于17、18世纪的西方现代性运动特别有帮助:自由主义的政治哲学理论和社会理论。自由主义的政治哲学理论发端于这场现代性运动的起始点,并且在很大程度上预言和召唤了整个西方社会的现代转型,初步奠定了新时代运作的各种基本原则。

我们可以用柏拉图"高贵谎言"比喻的稳定和失效来象征传统社会向现代社会转型过程的早期阶段,以及政治哲学家在这个阶段中所起到的巨大作用。德性论意义的两个世界的高贵谎言的稳定性在象征层面上代表了传统前现代社会的稳定性。无论是柏拉图的理念论还是奥古斯丁的上帝之城的理论,在基本结构上都遵循两个世界的原则。然而,到了17、18世纪,在现代自然科学的推动和刺激下,这个统治西方长达几千年的高贵谎言的有效性突然不再那么地不言自明,至少无法说服那个时代具有最卓越心智的一批人。而这批人本来恰恰被看作是能够洞悉高贵谎言的含义和功能,因此能够自动维护高

---

① 〔英〕昂格尔:《现代社会中的法律》,吴玉章、周汉华译,中国政法大学出版社1994年版,第4页。

贵谎言的人。他们转而尝试寻找新世界的法则，为即将到来的新世界预先做好各种各样的准备。

到了19世纪，随着西方现代性运动的持续推进和深化，一个迥异于传统社会的现代社会已然形成，并且已经构成了人们日常生活的背景。现代社会学就是在这种背景下形成的。对早期政治哲学家来说属于规范性的东西，对生活在19世纪的人们来说，似乎已经成了某种已然存在的现实，甚至是强制性的现实。对他们来说，如何理解和认识这个已然形成的现代社会的运作原理，从一种科学的角度理解传统和现代之间的断裂究竟是如何发生的，显得更加重要和急迫。这也就是为什么在马克思、韦伯和涂尔干那里，强制性、历史必然性是一个关键词的原因，也是为什么19世纪形成的现代社会学相对于17、18世纪的政治哲学来说，具有更多实证性的原因。

尽管他们的政治哲学家前辈们已经为这个现代社会奠定了最基本的原则，但现代社会的运作和演变还是远远出乎先辈们的想象，表现出了某种更为多元和复杂的面向。人们为了适应这个新的社会和新的时代，显然也付出了不菲的代价。因此，他们显然比这些政治哲学家先辈们更加彻底地感受到传统的概念和意义系统在把握和理解这个现代社会时的不得要领。马克思的剩余价值和阶级斗争的理论、韦伯关于新教伦理和资本主义精神的研究,以及涂尔干对于现代社会抽象团结现象的研究,都是对这段西方现代性经验的一种新的总结和反思。

当下中国所处的现代性转型阶段的吊诡之处在于,随着中国日益卷入全球化的过程,当代中国正在同时经历政治哲学和社会理论两个层面的现代性阶段,并且两个阶段互相作用和影响。一方面,在规范层面,我们仍然没有建构起一套完整的现代政治哲学的概念和原理体系来奠定新世界的原则;另一方面,新世界似乎已然通过全球化运动在我们周围部分地变成了现实,并且非常激烈地改变了我们生存的环境。如何从规范层面和现实层面回应当下中国现代性所面临的挑战,恰恰是当下中国的有识之士所必须面对和解决的重要问题。

下编　社会的自我观察

超大规模陌生人社会治理
——中国社会法治化治理的基本语境

一、 中国社会治理的法治化转型及其困惑

中国社会治理的法治化转型,始自清末沈家本的法律改革,历经一百多年,贯穿中国整个近现代史,穿过历史三峡,几经沉浮,既付出了沉重的代价,也取得了重要的成就。随着中国改革开放不断的发展和深化,中国社会也发生了许多重要而深刻的变化,这对我国社会治理法治化提出了许多新的挑战与要求。这要求我们根据新的形势与发展,进一步深化认识法治在国家治理能力现代化中发挥的重要作用。遗憾的是,由于种种原因,目前法治理论的研究在一定程度上已经落后于实践的发展,这既导致我们无法准确地理解我国社会法治化治理中出现的种种复杂现象与困难,也在客观上阻碍了我国国家治理体系与治理能力的现代化改革。

例如,虽然国家花费了很大的力气推进普法运动,宣传法治观念,但是在人们日常生活中,法律仍没有真正成

为人民群众的"必需品"与"常用药",法律规避的现象仍然屡见不鲜。在许多人看来,法律无非是一种纠纷解决的方式与工具,但在现实生活中,法律往往并不能很好地解决日常生活中各种各样的矛盾和纠纷,有时候甚至还会激化这些纠纷。人们因此对法律产生一种"中看不中用"的印象。

又如,法学院教授的规范性法律概念和法律原理,在落实到中国法律的具体实践过程中,很多时候都遭遇到了意想不到的反效果——本应被用来保障公正的程序正义,有时候反而更大程度地加剧和掩盖了审判过程的不正义;本应被用来防止法官腐败的审判独立,结果却成了少数法官肆意腐败、逃脱监督的保护伞。即使是法律人,如果你仔细观察他们日常生活中的行动逻辑,也会发现很多时候他们的日常行动与他们所倡导的法治理念有着不小的差距。例如,为别人提供公力救济的法官和到处演讲倡言法治的法学教授们,一旦自己遇到纠纷,却往往主动选择私力救济的渠道。

这让人不禁想起我国著名法制史学者张伟仁先生曾经描述过的20世纪50年代台湾基层法律实践的情形:

> 在人们的日常生活里显然有另外一套准则在指导他们的行为,解决他们的问题,很少有人谈法律,

用法律。当我提到法律里的若干规定如"夫妻分别财产制",亲友邻居们听了都觉得匪夷所思。当时社会比较安定,重大的刑案较少。人们有了民事的纠纷大多经由亲邻和社区内的公正人士调停,很少诉诸于法,几乎没有听说闹到法院去的事。既然如此,法律究竟有多少作用?对于这个问题我百思不得其解。①

张伟仁先生描述的这种现象,与费孝通在经典著作《乡土中国》中描述的现象,基本上是一致的。② 如今半个多世纪过去了,中国社会经历了激烈的转型与变迁,早已今非昔比,但中国人日常生活中形成的对法律的此种狐疑态度,仍然没有消失,甚至进一步地被强化,成了一种非常固定的观念形态。它不仅停留在中国人日常生活的经验感受层面,甚至还进入了中国法学理论研究者的视野,成为许多法学理论的基本现象基础,从而影响了许多法学理论研究者的重要观察与判断,并成为一股相当强的思想潮流。例如,许多法学理论研究者呼吁法治建

---

① 张伟仁:《磨镜:法学教育论文集》,清华大学出版社 2012 年版,第 291—292 页。
② 参见费孝通:《乡土中国》,生活·读书·新知三联书店 1985 年版,第 48—59 页。

设的中国问题意识与语境,主张中国法治的本土资源,强调通过引入中国基层社会的乡规民约等"活法"来充实中国的法律体系,很大程度上都以上述国人日常生活中与法律打交道的经验为基础。

二、 改革开放四十年:我国法治转型现象基础的转换

在中国社会治理的悠久历史传统中,传统的乡村社会一直是中国社会最坚实的底座,也代表了中国基层社会的基本面貌。中国自清末变革以来,相当长的时间内,整个社会的现代化,主要停留在东部沿海与大河沿岸的少数开放城市,并没有导致中国社会的基础与底座产生某种结构性的根本变革。但是在改革开放以后,尤其是在中国加入 WTO(世界贸易组织),深度嵌入全球经济结构以后,中国社会的基础结构发生了质的变化,从而也带来了中国社会治理法治化基本现象基础的变化。然而,观念的变化显然远远落后于现实社会的变迁。

1978 年十一届三中全会以来开启的改革开放,恢复了商品经济的秩序,尤其是恢复了中国大规模的远程贸易,逐渐地将整个中国社会的经济联系起来。远程贸易体系的重建构成了中国经济重新参与和加入世界贸易体系的重要基础。所谓远程贸易体系,指的是构成远程贸

易基础的一系列基础设施与技术条件,既包括对中国乡村原始农产品的储藏和加工的技术,以及由此发展而来的乡村工业等来料加工的组织和管理技术,也包括远程运输所需要的物流设施与技术。这构成了改革开放后中国经济恢复和发展的重要基础。

改革开放以来,尤其是2001年中国正式加入WTO后,中国更深地卷入了全球化过程之中。如今,中国的工业体系在全球贸易体系下已经茁壮成长,形成了巨大的规模,并且内部不断地细分和重新组合,几乎可以满足全球范围内所有工业创新产品的供应链支撑。中国超大规模的工业体系甚至可能已形成了吸纳全球制造业转移的"黑洞",并使得中国继美国之后,也成为整个世界经济体系的枢纽。随之而来的是中国大规模城市化建设的展开。大规模的城市化及其带来的就业机会吸引了大量农村青壮年劳动力进入城市,塑造了大量底层劳动力的现代化经验。现代化过程也带来了对现代生活的憧憬,形成了许多新的现代生活方式。

随着我国政府大规模地推进全国范围内的交通和通信等基础设施建设,中国人口的流动性亦发生了实质性的改变。交通和通信等基础设施的实质性改进所带来的并不单单是人口的流动,也大大加速了中国物流体系的速度和质量。虽然存在着各种地方保护主义,但中国已然形成了一个巨大的国内市场,或者说,构成完整国内市场条件的许多重要的硬件设施,已然形成并成熟。这就是海尔、格力、阿里巴巴、京东、华为、小米等众多中国科技企业短期内实现惊人业绩与规模的重要基础。中国庞大的人口既为中国经济的腾飞提供了巨大的廉价劳动力,也为这些普通的日常消费品提供了巨大的国内市场。技术改变世界、生活这个时代的所有中国人,对这句话或许有着最深刻的体会与经验。

就此而言,当年费孝通先生揭示的中国乡土礼治秩序与现代西方工商业社会法治秩序冲突的社会现象,如今已发生了实质性的改变。如果说,清末沈家本法律改革以来,中国现代法律体系的建设,很大程度是超前的,是理念先行,是少数政治精英强加到中国人日常生活之中的,那么当下中国社会治理的法治化转型,则是中国社会发展演化到一定程度之后的内在需要。因此,用费孝通先生当年所描述的中国传统乡村秩序的现象基础来理解中国社会法治化治理问题,就缺乏说服力和解释力。经过40年的改革开放,中国社会已经发生了深刻的转型与变化,目前我国已经进入超大规模陌生人群治理的新阶段和新常态,这是理解和分析当代中国法治问题的基本现象。此种现象对中国的法治模式提出了全新的挑战,并且更新了我们对法治问题的理解。

三、超大规模陌生人社会治理：
中国法治转型的新挑战

在超大规模的陌生人社会阶段，我国社会主要呈现如下几个重要的特征：

首先，个人需求的多元化与复杂化。随着20世纪80年代中国经济改革的成功，中国解决了长期困扰中国人的温饱问题。在温饱问题没有解决的短缺经济时代，大量的问题都聚焦为人民群众的物质文化需求的满足与经济发展水平的制约问题，因此都可以通过经济的发展得到解决。经济的发展在解决了广大人民群众的基本物质需求的同时，也刺激了人民群众产生更多元和更复杂的需求，社会也因此变得更为复杂而多元。

其次，大规模的人口流动，带来超大规模陌生人群治理问题。改革开放以来，尤其是2001年中国加入WTO以来，中国最广大乡村的庞大农业人口已经被全面动员起来，积极主动地卷入了全球经济的价值链中，既深刻地改变了中国的经济与社会结构，同时也深刻地改变了全球贸易结构。人口的大规模流动带来了陌生人社会治理的问题，如何使得大量陌生人之间形成新的秩序，成为政府日常治理必须解决的严峻问题。

第三，超大规模陌生人群治理的另外一个维度是，对人际交往地理空间限制的根本性突破,人与人的关系变得更为抽象与复杂。人与人之间的关系,除了日常生活的现场互动关系之外,也变成了高度抽象的陌生人之间的商品交易关系。商品并不仅仅是一种消费品,它还是联系人与人之间关系的一个抽象纽带。我们日常所吃的、用的、穿的,其实都是陌生人制造的商品。通过使用和消费这些陌生人制造的商品,我们与陌生人之间发生了某种深刻的联系。在这个意义上,"陌生人"定义变得比"流动的身体"更为深刻。我们即便足不出户,每天也都与陌生人发生着某种特别"亲密"的关系。我们的身体虽然局限于某个具体的时空之中,但这些全国性甚至全球性的交通、通信、互联网等基础设施,以及通过这些基础设施而不断流动的各种商品与服务,已经将我们相互连接起来,并且形成某种抽象的、肉眼不可见的、但对我们生活的影响却日益增强的相互关系。

由此可见,中国社会正在经历某种根本性的转型,社会的复杂性已经提升到某个质变的层次。因此,中国社会治理体系与治理能力也必须相应升级,以适应和应对此种中国社会治理的新常态。此种关系的协调必然对法律的功能提出了更进一步的要求,从而要求我们发展出一种全新的法律观念。

首先,超大规模陌生人群治理的关键是将利益冲突法律化,将其转化成具有普遍性的权利划界问题。经济发展所形成的各种多元利益的分化与冲突,可以被纳入法律权利的框架之中,从而被转化成权利之间的冲突。而对权利冲突的有效化解,则是现代独立司法裁判体系的核心功能。通过司法裁判来化解权利冲突的好处在于,它并不着眼于个案化地化解权利冲突,而是通过个案冲突的化解,对权利进行类型化的构造,从而形成抽象的权利界限和规则,批量化和系统化地化解各种权利冲突,从而将个案纠纷的经验内化到治理结构中,变成治理结构的内化经验和知识。

其次,法律必须在"纠纷解决"的功能之外,承担起全新的功能。此种全新的功能就是远程陌生人相互信任机制的建立。在此情况下,熟人社会中个人之间的人格信任机制,必须升级为陌生人社会中个人对法律系统等抽象大型基础设施的信任。只有这种抽象信任的关系建立起来,远程的、抽象的陌生人之间才能够建立起正常的交往关系。举例来说,当我在超市里买到了假冒伪劣商品时,如果此种作为大型基础设施的产品质量法体系是值得我信任的,那么我就不会放弃继续去超市购买商品,而是将此次购买假冒伪劣商品作为例外情况和个别现象予以处理。但是,如果我此后仍然在超市中不断地购买到假冒伪劣商品,那么我坚持信任产品质量法这件事情,就会变得很傻。法律这种大型基础设施，与高速公路等各种物质化的大型基础设施不同，它一方面保护超大规模陌生人群之间的信任与相互预期，另一方面它自身也高度依赖于人们的信任。在此基础上，具有充分自主性的，并且相互不透明的大规模陌生个体之间就有可能形成稳定的生活秩序。

第三，深化司法改革，强化基层法院的纠纷解决功能与上诉法院的"预期保护"功能。现代法律的两大基本功能，即"纠纷解决"与"预期保障"，是分别通过"基层法院"与"上诉法院"来承担的。我们对基层法院的"纠纷解决"功能比较熟悉，但对上诉法院的"生成规则，保障预期"的功能相对比较陌生。目前，我国法院体系基本上是围绕"纠纷解决"这个功能建构起来的，因此整个法院系统看起来就像一个超大规模的"基层法院"。为了适应超大规模陌生人群治理的需求，今后司法改革的方向应该是，基层法院要更加下沉到基层中去，进一步发展出深耕基层社区的"不存卷"的具有"准司法"性质的"人民法庭"，将其做大做强。人民法庭更侧重纠纷解决的功能，带有准司法的性质，适当放宽案件审理过程的程序性要求，同时允许"人民法庭"的法官拥有更多的调解权力。在此之外，进一步建设上诉法院机制，尤其是明确规定上诉法院对上诉案件的审判，乃是一种"法律审"，以区别于初审法院的"事实审"功能。如果为了照顾我国司法体制的特殊国情,二审法院不得不在一定程度上兼顾"事实审",则应该将二审终审制改为三审终审制,将各省的高级人民法院作为终审法院,将其定位为纯粹的"法律审"的法院,从而使其承担法律适用之统一化的功能。

如何理解中国的超大规模性？

几乎不会有人否认规模对理解中国问题的重要性。无论是在日常生活还是理论分析中,中国超级巨大的规模,都可以被观察者和谈论者直观地感受到,并在相关的观察和思考中扮演了一个非常重要的角色。尽管如此,在围绕中国问题的研究中,规模又是一个经常被过于忽略的概念。当我们观察中国的国家治理与社会演化时,规模的含义究竟是什么,规模因素究竟发挥了何种作用?规模的要素是否可以被充分地概念化与理论化,从而变成分析中国国家治理与社会演化的基本概念框架与分析工具?在通常关于中国巨大规模或超大规模的诸种流行说法的背后,隐含着何种观察的视角?我们是否有可能对这些围绕规模问题所进行的观察,再做二阶层次的观察,从而同时揭示出这些观察的洞察力与盲点之所在?上述问题引导了我围绕中国的超大规模性的观察与沉思。

一、超大规模国家的治理难题

在西方的思想传统中,柏拉图关于城邦规模的讨论一直是很知名的。例如,在《理想国》中,柏拉图将城邦规模的扩大看作是城邦内部贫富分化与党争的根源。① 在柏拉图看来,城邦适宜建立在一个离港口不太近,同时又不太远的地方,人口规模维持在两万人左右为宜。亚里士多德也同意柏拉图的看法,认为城邦规模不宜过大。按照亚里士多德的说法,人正是通过城邦才得以"成人",是城邦赋予了人之为人的本质。② 因此,当城邦规模过大时,就要通过某种程序,排解出一部分人群另立城邦,从而使得城邦的规模始终保持适当。③ 隐含在此种理论和实践背后的观念是:城邦必须保持适当的规模,"以确保不多不少地能好好地过有德性的生活"④。

当然,正如卢曼所揭示的,在此种关于城邦规模问题的理解背后,还隐含着一种更为深层和普遍的观念,即将

---

① 参见〔古希腊〕柏拉图:《理想国》,郭斌和、张竹明译,商务印书馆1986年版。
② 参见〔古希腊〕亚里士多德:《政治学》,吴寿彭译,商务印书馆1983年版,第7页。
③ 参见洪涛:《逻各斯与空间:古代希腊政治哲学研究》,上海人民出版社1998年版,第93—97页。
④ Niklas Luhmann, *Die Gesellschaft der Gesellschaft*, Suhrkamp Verlag, 1995, S. 145.

世界"看作是一个诸躯体之聚合(aggregatio corporum),一个将所有其他生物体都包含于其中的巨大的、可见的生物体"。在这个生命体之中,"存在着有朽和不朽的生命体,人类和动物,城市和农村……",如此等等。①

正是此种隐含的将城邦或者国家看作是某种"生物体"的观念,定义了欧洲人关于城邦或国家的"正常规模"的理解。这一点在伽利略于1638年出版的《关于两种新科学的对话与数学证明》的著作中,得到了清晰的显示。② 伽利略根据几何学的原理指出一个常识,即当物体的体积增加到一定程度时,它就因为无法承受自身的重量而崩解。就此而言,任何物体的规模都有其天然的限度。由于社会或者国家也被理解成某种物体甚至是生物体,因此它也有其自身的限度。

带着此种社会生物体及其限度的观念,欧洲人在遭遇并观察中国时,就显得有些不太适应。对他们来说,一个几乎相当于整个欧洲面积的社会文明体,早在一千多年前就已经实现了统一,在长达一千多年的时间里,尽管有所伸缩,但基本上保持了如此规模的统一状态,这已经

---

① Niklas Luhmann, *Die Gesellschaft der Gesellschaft*, Suhrkamp Verlag, 1995. S. 145.
② 参见〔意〕伽利略:《关于两门新科学的对谈》,戈革译,北京大学出版社2015年版。

构成了对上述常识的挑战。"超大规模"的感受与用法也就由此产生了。

黄仁宇先生与周雪光先生在分析中国传统社会与治理问题时,也有类似的观察与描述。例如,黄仁宇先生一再地指出,由于"15英寸等雨线"和黄河泛滥两个基本因素的存在,中国过早地形成了中央集权的大一统的国家形态。① 这当然有助于国防与治水等基本社会公共物品的提供。但同样由于规模因素,在当时的技术条件下,中央政府的官僚体系在信息的传递、税赋的征收、政令的统一等诸方面都遭遇了艰巨的挑战,因此不得不依赖于儒家道德话语和意识形态的辅助,来形成较为抽象的文化与道德层面的自我认同。② 周雪光也进一步在黄仁宇的基础上指出,传统中国的治理体系,受制于超级巨大的规模及其带来的规模负荷,因此不得不依赖于正式制度与非正式制度之间,中央政令的名与实之间的微妙把控来实现帝国的治理。③

中国社会的超大规模性乃是一个具有直观属性的事

---

① 参见黄仁宇:《中国大历史》,生活·读书·新知三联书店1997年版,第22—27页。
② 参见黄仁宇:《资本主义与二十一世纪》,生活·读书·新知三联书店1997年版,第25页。
③ 参见周雪光:《中国国家治理的制度逻辑:一个组织学研究》,生活·读书·新知三联书店2017年版。

实,因此具有充分的经验感受性。对于理论家来说,问题是如何在"看第二眼"的时候,对此种具有充分经验感受性的直观事实予以深度的解释与分析。就"规模"这个概念而言,人们通常的经验感受就是"体积或者数量的巨大"。因此,当多数人在观察和讨论中国的超大规模性时,他们多数也是指疆域广阔,人口众多。疆域面积和人口规模的巨大,是规模这个概念带给我们最直观的视觉印象的冲击。

然而,空间意义的"体"和人数意义的"量",二者并不总是一致的。举个简单的例子,在空间意义上,从国土面积来看,俄罗斯差不多是日本的 45 倍,但二者的人口数量却基本上在一个等级。此外,即便同时在体量方面占据优势,也未必就意味着"规模优势"。在抗日战争中,中国人艰难而深刻地体会到了这一点。如果纯粹从体量规模的角度观察,在制度和实力的较量中,日本应毫无资格成为中国的竞争对手。但事实上,以战争这种最极端方式所展开的综合国力的较量中,中国似乎在各个方面都展现出了绝对的劣势。这促使了当时的军官黄仁宇围绕中国的超大规模性展开了痛苦的反思和再观察。

黄仁宇先生因此更强调规模给国家治理带来的挑战与复杂性。许多人在观察和思考中国的超大规模时,往往也特别受此种观察视角的影响。例如,他们往往指出,由于中国巨大的规模和体量,因此导致中国内部不同地区之间的种族、宗教、文化、经济、生活方式、道德等方面差异极大,从而大大地增加了治理的难度。在此种视角中,空间规模被类比为动物的体积,而各种组织,尤其是政治组织,则类似于动物的骨骼结构。因此,关于规模对治理的挑战所形成的"规模负荷",就类似于动物之骨架所承受的"身体负荷"。所以,通过此种视角的观察所形成的结论,首先是"规模的不可能性",但是如果当"超大规模"已经变成不容否认的事实时,则不得不将其理解成某种"不正常"的"病态"。此时,规模的发生并非基于内部发展的正常需要,而是迫于外部环境压力与情势不得不然的被迫接受。因此,此种研究的基本范式,就是用"正常组织社会学"的各种既定标准,来勘测"超大规模"在正常组织的正常承受能力和功能发挥方面所带来的各种挑战和困难。大量的中国特殊论,基本上也都是在此种思考范式基础上的各种发挥和延伸。

二、超大规模与中国的经济奇迹

此种关于中国超大规模性的理解,尤其适合组织社会学层次的分析。它对于我们观察和分析传统中国国家与社会治理时面临的诸多内外部约束和挑战,特别具有启发性。但它也有自己的缺陷。因为在此种分析框架中,中国的超大规模性基本上是被作为约束性的"规模负荷"而发挥作用,因此它就解释不了中国超大规模性的另外一面,即中国的超大规模性带给我们的并不仅仅是"规模负荷",同时它也是造就中国之"世界工厂"地位的重要因素,并且恰恰是中国的超大规模性为中国庞大的消费人群和市场规模的优势提供了基础。

通过中国庞大的国土面积和人口所带来的规模优势来解释中国晚近40年经济增长的奥秘,这当然没有错,但失之于宽泛。因为,即便是19世纪的中国,其国土面积和人口规模也已经远远超过西方许多发达国家,但这并没有在中西竞争中带来比较优势。因此,光靠统计数量仍然解释不了中国发展的奥秘。数据本身并不能自动带来信息,隐含在数据之中,甚至逃逸于数字之外的结构问题,才是解释的关键之所在。

在这方面,上海世界观察研究院的于向东先生对中国20世纪80年代经济增长的一个观察和解释就特别有意思。当我们观察和解释中国80年代的经济增长时,家庭联产承包责任制的全面合法化等重大政治决策的作出当然是非常重要的。但在此之外,于向东先生还观察到一个重要的因素,就是80年代中国县乡级公路网络的建设和完善。他指出,在20世纪80年代,正是这一条条乡村土路的开辟与互联,像毛细血管一样,使得当时乡镇的剩余劳动力与剩余农产品能够以初级农产品和初级工业品的方式连接到更大的经济网络之中。

这个解释特别富有启发性。如果人口与人口之间，地区与地区之间不能够较为紧密地联系起来，并且进一步连接到更大的经济网络之中，则由这些人口和地区所并列组合而成的数字的庞大就没有经济的意义和重要性。恰恰是此种人口与人口之间的连接可能性与连接的形式，对我们观察和理解20世纪80年代中国经济的成长具有更为关键的重要性。因此，我们可以进一步说，在过去的40年中，正是由于越来越多的中国人口、地区性资源等生产力要素被更快和更好地连接起来，从而形成一个全国性、多层次的互相作用的经济网络，中国的体量规模的潜力才真正被释放出来。

于向东的观察特别着重于20世纪80年代中国社会发展的经济面向，但中国社会40年的演变，并不局限于经济面向，而是全面的社会变革与演化。因此，该观察的意义并不仅仅局限于解释经济发展，更可以启发我们观察中国近40年来社会整体的演化。由于传统中国交通和通信技术的局限，以及编户齐民等户籍制度的作用，传统中国社会中人口的流动性并不强。这就意味着，在传统中国，大量的沟通都是本地化的沟通，那种跨地域的、远距离的沟通，往往局限于官僚系统、宗教系统、文人系统等狭隘的范围之内,由此形成了中国传统社会演化的诸种特征与局限性。

晚近 40 年来,此种状况发生了激烈的变化。如果说,20 世纪 80 年代中国的初级乡村公路系统的建设,在以乡镇企业为代表的乡村经济的振兴中发挥了非常关键而重要的作用的话,那么,20 世纪 90 年代以来,尤其是 1997 年金融危机以来,中国的铁路运输系统(包括一般铁路运输和高速铁路运输系统)、航空运输系统、高速公路系统、电子通信系统(手机、互联网、智能手机互联网)的快速发展,已经进一步地将中国社会的不同地区和个人关联起来了。

这让人不禁想起加拿大著名的经济史家和媒介理论家哈罗德·伊尼斯早期的一项研究。哈罗德·伊尼斯在研究加拿大铁路网的历史时,并不仅仅将铁路系统的建立和完善放到经济的意义上进行理解,将其看作是某种运送人口和货物的方式,同时也将铁路网看作是传播信息的沟通媒介。在哈罗德·伊尼斯的视野中,铁路网的建立和完善,也有着远超出经济发展的重要意义。[1] 哈罗德·伊尼斯因此特别地启发了后续学者对媒介的理解和研究,让许多学者都看到了诸如铁路等交通运输系统

---

[1] See Harold Adams Innis, *A History of the Canadian Pacific Railway*, HardPress Publishing, 2012.

对社会演化的结构的潜在巨大影响。

三、从超大规模社会到超大规模复杂社会

那么,铁路、公路、航运、通信、互联网等演化成就的涌现,除了在经济层面释放中国的规模潜力,形成中国在经济上的比较优势之外,还对中国社会结构的演化究竟有何重要作用呢?

答案当然是复杂的,因为社会演化的复杂性超出了任何个人的观察,也远远超出本文的容量。本文尝试给出的一个大为简化的答案也许是:它们极大地促进了中国社会复杂性的提升。

超大规模本身并不必然带来复杂性的提升。英国控制论专家艾什比在1956年写作的名著《控制论导论》中就曾经举过一个例子说明为什么规模与复杂性并非一回事。艾什比举的是太阳系行星的例子。如果纯粹从规模的意义上讲,谁也不会否认太阳系的规模。但艾什比却指出,由太阳和九大行星组成的太阳系其实是一个低度复杂的系统,虽然每个要素的规模巨大,但要素数量稀少,相互的关系也比较简单和稳定。因此,规模与复杂性并非一回事,规模大也并不意味着复杂性就高。[1]

---

[1] See W. Ross Ashby, *An Introduction to Cybernetics*, Chapman & Hall Ltd., 1956, p. 61.

那么,规模和复杂性之间究竟是什么关系呢?卢曼在《社会的社会》中关于复杂性的阐述,特别富有启发性。① 卢曼在最抽象的层面将复杂性理解成诸要素之间的关系(连接)可能性。最复杂的状态当然是毫无秩序的混沌状态:存在着无数的和各种不同类型的要素,其中任一要素都与其他要素之间存在着连接的可能性。人类一定忍受不了此种混沌状态。因为人类的生存以秩序为前提,稳定秩序给人类的生存提供了最基本的"本体论安全感"。所谓的秩序,就是结构化了的复杂性,也就是在某些要素之间建立比较稳定的联系。

对于任何秩序来说,复杂性的高低主要取决于如下几个条件。首先就是要素的数量。在同等条件下,要素数量越大,秩序范围内的复杂性程度就越高。许多人将规模理解成复杂性,基本上就是以此为基础。但复杂性程度的高低,并不仅仅取决于这一个条件,它同时也取决于另外两个条件。其中之一就是要素的异质性。如果要素的规模虽然很大,但是要素之间是高度同质性的,那么由要素组成的秩序系统内部的复杂性也不会很大。与此相反,尽管要素的数量不是太多,但是要素之间是异质性很强的,那么也可以提升秩序的复杂性。第三个条件就

---

① See Niklas Luhmann, *Die Gesellschaft der Gesellschaft*, Suhrkamp Verlag, 1995, S. 137.

是要素之间的连接。假设要素数量很多,同时大量要素之间也是异质的,但如果诸要素之间是相互隔离的,或者说相互并不发生关联性,那么系统内部秩序的复杂性也不会提升。

借助于卢曼的这个理论框架来观察中国的规模与复杂性问题,我们便可以发现,传统中国是一个规模巨大、但低度复杂的社会。而当下中国则是一个超大规模的复杂社会。如果我们将铁路系统、公路系统、移动通信、互联网、移动互联网等都看作是传播媒介的话,则各种新型传播媒介的大量涌现和迅速普及,是中国社会迈向超大规模复杂社会的重要条件和诱因。如果要用一句话来概括目前正在发生的这个转变过程,我们不妨将其称作"从超大规模社会向超大规模复杂社会"的转变过程。

要素与要素之间发生联系之后,要素就有可能被"赋能",因为通过整个沟通网络或交易网络的衡量,它的价值和效用就得以被重估,从而拥有了全新的价值与能量。这就进一步激励了更多仍未被连接的要素寻求接入网络。变化不仅在于要素与要素之间从"无连接可能性"到"有连接可能性",并因此增加要素连接的各种全新可能性和机会,更大的变化还在于,沟通的类型因此变得更加丰富和多元。尤其是,这使得在场者之间的互动型沟通之外,各种非在场者之间的更为抽象的沟通类型大量涌现出来。而在此前的中国,除了发生在政治中心之上层结构的贵族和官僚阶层中的沟通之外,广大边缘和基层地区所出现的沟通,基本上都是在场者之间的"互动型沟通"。

古今中西,概莫能外的一件事情是,各种不在场者之间的沟通往往是随着文字、印刷、交通、互联网等各种新型传播媒介的涌现而蓬勃发展起来的。在场者互动与不在场者互动之间存在着许多本质性的差别。例如,在场者互动更多地依赖于情境化的互相感知与预期,因此拒绝沟通的机会往往被严重地限制,很多时候拒绝沟通就意味着强烈的冲突。而当不在场者借助于文字等远距离沟通媒介的帮助进行沟通时,因为时空的分隔与距离的存在,非在场沟通者就有了冷静反省的机会,各种怀疑和拒绝的可能性也大为增强。拒绝的能力和手段都因此不断丰富和发展起来。在主流社会之外,各种各样的亚文化和非主流就有了更多的容身之所。这就给社会的演化储存了更多的可能性。

由于各种原因,在中国社会的演化中,印刷术并未发挥出其在西方社会演化中发挥的作用。但最近40年间迅速普及的各种新媒介,尤其是互联网媒介,也许将发挥当年印刷术在西方社会演化中发挥过的作用。全国性沟通网络的涌现,不但带来了诸多经济和发展红利,以及各种"规模优势",同时也带来了大量的风险和挑战。例如,从个人的角度来看,系统对个体的赋能同时伴随着对个体施加各种规范性束缚的神圣传统的消解,这就意味着,个体正不断地走向"自我化",从而越来越成为进行理性计算、自我决策的"个体"。更抽象地说,当要素之间联系起来之后,由于各要素都是自我决定的,这就大大增加了社会的不确定性和风险。试想,当一个社会中分布式地充满了十多亿具有自我决策能力和计算能力的个体,他们每天都在各自的处境中进行着大量的计算和决策,而这些计算和决策又通过沟通网络被不断地以各种可能的方式进行连接,由此将释放出多大的风险和挑战性!因此,超大规模复杂的社会,也是一个超大规模的风险社会。

这样一个分布式计算的超大规模的风险社会,同时也是一个"非一目了然"的社会。无论任何人,无论他身处社会的何种位置,他都很难真正做到居高临下地俯瞰整个社会,并纲举目张地将整个社会一眼看透。社会的高度复杂性导致了社会的各种不透明性的出现。这对于传统的治理方式和治理手段来说,当然是一个无比巨大的挑战。

反过来说,这也意味着个人日益从各种各样的传统共同体中"脱嵌"出来,从而越来越面临着孤独地面对整个抽象的现代世界的生存处境,孤独和竞争性焦虑变成了中国人普遍的生存状态。在这样一种处境中,如何可能发展出一套适合中国人的个体伦理学,从而实现当代中国人的安居乐业、幸福生活,就成了一个非常艰巨而又重要的问题。

最后,需要补充的是,虽然沟通媒介,尤其是各种传播性的沟通媒介对于这个正在出现的超大规模的复杂社会具有重要作用,但这并不意味着,传播性媒介乃是这个社会出现的根本原因或唯一原因。社会演化的复杂性往往远远超过我们的观察和估计,多数时候,社会的演化和变迁往往是多种原因、多个因素、不同面向的事实非共谋地共同起作用的结果。例如,居民身份证制度对于中国内部人口流动的意义显然并不弱于交通媒介的作用。而中华人民共和国建立后我国义务教育系统的建立和成功,由此导致我国人口基本素质大幅度提升这一因素也不容小觑。

总之,随着中国社会的演化,我们似乎已然进入了一个超大规模的复杂社会之中。由此带来了许多显著或者不显著的新现象和新后果。其中一个结果是,诸如"超大规模"这种我们在观察中国问题时几乎可以直观感受到的一些概念和词汇,其含义也发生了许多微妙而实质的重要变化。这就给我们这些从事社会科学研究的人提出了一个尖锐的挑战,也即,当我们借助日常生活中习以为常的概念和观念来观察我们生活于其中的社会,观察我们的生活,甚至观察我们自己时,我们究竟受到这些概念与观念的旧语义的何种影响?概念和观念的变迁,与我们的语言和语义之间的变迁究竟是何种关系?作为研究者,我们究竟该如何与不断变迁的社会与语义共处和共生,从而更好地实现我们的观察、研究和创新呢?

谁是陌生人？

谁是陌生人？对许多人来说，这或许是一个很突兀的问题。陌生人就是那些我们不认识的或者不熟悉的人。这似乎是不言自明的常识。但常识未必能够经受严格的学术眼光的打量与审视。例如，如果我们进一步追问如下问题，上述的常识往往就有些捉襟见肘，不敷应对了："陌生"与"熟悉"各自的具体含义是什么？陌生与熟悉仅仅是一种心理的感受，还是有着更客观的依据与内涵？在何种意义上，陌生人可以被转化成熟人？陌生人究竟是一个程度性的概念还是一个构成性的概念？在秩序构成的意义上，陌生人意味着什么？学术思想史上许多重大的突破，恰恰是从对许多习以为常的概念的质问与反思开始的。就此而言，用一种严格的社会学的眼光来观察陌生人，在概念与理论的层次思考陌生人问题，恰恰并不是多余的。

一、作为定居流浪者的陌生人

最早将"陌生人"这个词汇概念化，并作为一种重要的社会学现象予以研究的,是具有传奇色彩的德国社会学家齐美尔。齐美尔在 1908 年出版的《社会学》"空间与社会空间秩序"的章节中专门写了一篇以"陌生人"为主题的论文,通常被看作是陌生人研究的奠基之作。①与我们日常生活中形成的常识性感受不同,齐美尔用某种相对更客观和中立的方式来定义陌生人。齐美尔说,陌生人是那些"昨天来,但明天不再走的人",也就是不再流浪的流浪者。在齐美尔的这个定义中,陌生人身上有着某种突出的矛盾性:他虽然是从远方来的,但他却选择留下来居住;他虽然留下来居住,却也随时有可能离开。就他是我们中间的一分子而言,他反而处处显现出自身的差异性:"他并非历来属于这里,而是带着本地人不了解的神秘的过去"与我们居住在一起。在陌生人身上,有着某种"既远又近"的奇怪混合。

陌生人具有的这种奇怪的既远又近的混合气质,给原本的熟人共同体秩序带来了某种根本性的变化。齐美尔用一个形象的例子说明这一点:"天狼星的居民对我们来说并非是真正陌生的——至少不是在社会学考虑意义上是陌生的,而是他们根本不是为了我们而存在的,他们

---

① 该文的中译本可参见〔德〕齐美尔:"陌生人",载齐美尔:《社会是如何可能的:齐美尔社会学文选》,林荣远编译,广西师范大学出版社 2002 年版,第 341—348 页。

处于远与近之外,无所谓远近。"①就此而言,陌生人具有社会学的重要性,恰恰就在于陌生人渗透进了共同体,并给共同体的结构与秩序带来了某种性质的改变。

在一个没有陌生人的本地共同体秩序中,远与近本来是被截然分开的。在这样一种秩序中,陌生人生活在遥远的远方,并不与我们所生活的世界发生直接的联系。对于生活在这个世界的人们而言,陌生人世界代表着种种未知的可能性与对熟悉世界法则的超越。这同时也是一个充满危险的世界。大部分人都没有机会接触陌生人。关于陌生人的种种传说,是由少数有远行机会并能够战胜这些危险的英雄和僧侣讲述的。《荷马史诗》中关于奥德修斯海上流浪的故事,甚至希罗多德《历史》中关于发生在亚洲世界的种种传说,都可以被看作是熟人世界对遥远陌生世界的想象。中世纪乔叟的《坎特伯雷故事集》中也有关于种种遥远世界发生的有趣而又奇怪的故事。

而在充斥着陌生人的社会中,这种关于远与近的清晰界限被打破了,变模糊了。最初,对陌生人的排斥与厌恶是难免的。通常而言,本地人会选择通过同化或者驱

---

① 〔德〕齐美尔:《社会是如何可能的:齐美尔社会学文选》,林荣远编译,广西师范大学出版社2002年版,第342页。

逐陌生人来消除因陌生人而带来的种种不快的感觉。齐美尔关于陌生人的研究本身的一个经验的基础，就是犹太人杂居在欧洲的历史现象。犹太人就是那些来自远方，而最后选择留在欧洲社会的陌生人。自从犹太人分散聚居在欧洲后，一直到了纳粹犹太集中营事件，针对犹太人的迫害，在欧洲历史上就几乎没有停止过。犹太人与其他来自远方的陌生人不同的地方在于，其他人种一旦选择留在本地聚居以后，都会逐渐被同化，但犹太人却拒绝被同化，顽强地保存着自身的传统与生活方式，由此与当地的社会礼俗之间产生了文化的"冲突"。齐美尔对身为犹太人的此种陌生人处境，体会不可谓不深刻。才华横溢的齐美尔一直要到教授资格论文通过31年以后才获得教授职务，就与齐美尔本人的犹太人身份息息相关。

与后来同样才华横溢的另一位犹太学者鲍曼饱含道德义愤的陌生人研究相比，齐美尔的研究还算心平气和。除了对陌生人既内且外的矛盾性质的揭示之外，齐美尔的另一个贡献，就是揭示了陌生人在结构上对整个共同体秩序可能带来的积极影响。齐美尔认为，这种影响主要体现为两个方面。一方面体现在陌生人的流动性。已有的以土地为基础的生产单位并不能给陌生人提供养家糊口的岗位。因此，陌生人就不得不在既有的经济单位之外,为自己创造出工作的岗位,为本地人带来他们依靠土地所不可能收获的成果。大多数陌生人都只能投身商业之中,具有流动性。另一方面,由此种流动性,又进一步带来了陌生人的客观性。由于陌生人不像本地人那样固定在各种具体的关系之中,因此也就"不受习惯、孝敬与偏见的约束",能够更加自由地用一种普遍与客观的眼光来看事情。施蒂希韦将齐美尔的陌生人形象比作社会科学的研究者,确实有几分道理。

齐美尔对陌生人的深刻洞察,基本上规定了此后陌生人研究的基本框架与视野。例如,作为齐美尔的美国学生,芝加哥学派代表人物之一的帕克(Robert E. Park)的"边际人"研究,就深受齐美尔陌生人研究的影响。[①]作为一个移民社会的社会学家,帕克对移民现象尤其敏感,既从宏观层面强调了人口迁移与融合导致的移风易俗和文明发展的意义,同时也在微观层面揭示了人口迁移对个体人格产生的影响。帕克注意到,移民既将个体从其出身之地的神圣习俗与传统的束缚中解放出来,同时也使得他们学会了用陌生人的眼光来观察周遭的新世界,从而拥有了一种智识的偏好(intellectual bias),并多多少少地成为一个世界主义者(cosmopolitan)和世俗主

[①] See Robert E. Park, "Human Migration and the Marginal Man", *The American Journal of Sociology*, Vol. 33, No. 6 (May 1928), pp. 881-893.

义者(secularism)。帕克也注意到,犹太人是典型的陌生人,同时也是典型的两种文明之间的"边际人"。但边际人并不仅限于犹太人。除了犹太人之外,美国的黑白混血儿与亚洲的欧亚混血儿,以及亚洲与非洲的基督徒也是此种边际人。很多时候边际人都处于很尴尬的处境,因为无论是在原生族群还是新加入的族群,他们都被看作是陌生人。但帕克同时也强调,恰恰是边际人的这种双重陌生人的处境,赋予了他们独特的资源,能够通过个体的调整与适应来解决文化的紧张与冲突,从而给文明创新与演变提供了新的方向与可能性。施蒂希韦形象地将帕克的边际人形象类比为如今广为流行的"交叉学科研究者"。

与帕克一样,现象学社会学代表人物舒茨(Alfred Schutz)也把人口迁移所导致的"混居"看作是陌生人的典型处境。① 舒茨关心的问题是,陌生人如何解释主流人群的文化模式并适应它。在舒茨看来,熟人的生活世界往往会形成一种稳定的文化模式,出身和成长于其中的人们将该文化模式看作是"理所当然的"。他们不需要对这个文化模式形成系统和融贯的理解,而是根据自身

---

① See Alfred Schutz, "The Stranger", in Alfred Schutz, *Collected Papers II: Studies in Social Theory*, Arvid Brodersen (ed.), Springer Netherlands, 1976, pp. 91 - 105.

日常的需要取用其中的各种片断化资源。通常来说，对生活于同质性社群的人们来说，这些文化模式就是一个个"窍门"：如果要达到某个效果，就应该如此做，反过来说，如果你如此做了，就是想达到某个效果。这种群体文化模式，当然是历史形成的。而陌生人，作为一个新加入群体的成年人，尽管可以了解这段历史，却并不参与这个历史，因此陌生人本质上是一个"没有历史的人"（a man without a history）。陌生人当然有自己的历史，但陌生人的历史是与陌生人自己的"家群体"联系在一起的，而与他新进入的社群却没有关系。陌生人刚进入新社群时，他不得不将新社群的话语体系"翻译"成自己的"家群体"的话语体系，才能够理解周围发生的现象。但在翻译时，会发现两种文化模式之间往往缺乏对应的词汇，即便意义能对应，由于在本地口语中还附着各种难以捉摸的特殊语气和音调，陌生人还是难以理解本地人的真实意思，更不用说用本地话表达自己的复杂和细微的感受。舒茨认为，恰恰是由于个人"生平情境"（biographical situation）的此种本体论差异，才导致了陌生人所特有的客观化效果与信任缺失的后果。

二、 被建构出来的陌生人

帕克和舒茨所做的工作，基本上就是在齐美尔提供的分析框架中,就某些特定和重要的面向,结合各自的研究领域,做进一步的展开与发展。例如,他们都把陌生人看作是"异乡人",也就是从远处迁徙而来的,试图进入群体的人。只不过,帕克对陌生人脱离原有"家群体"后的效果非常感兴趣,强调了横跨两个"文化族群"的"边际人"所蕴含的在边际上创新与演化的资源与能量。舒茨则对陌生人进入新群体之后人格遭遇的震荡很关心,因此更关注陌生人如何调整自身,学习与适应新群体的文化模式。

关于陌生人的经典社会学研究的一个缺陷是,在他们那里,陌生人都是外来的异乡人。但他们没有注意到,陌生人并不仅仅是人口迁移的附带现象,而有着社会本身的内在基础。更直白地说,陌生人很可能并不是外来的,而是社会自己制造出来的。

舒茨之后,陌生人研究基本上沉寂了约半个世纪,在20世纪末又突然复兴起来。开创陌生人研究复兴之先河的就是英国社会学家鲍曼。鲍曼的陌生人研究,现象基础仍然是外来移民的定居化。但鲍曼从中看到了更深层的意涵。陌生人意向一直或隐或显地出现在鲍曼的研究之中。在《现代性与矛盾性》中,鲍曼援引了齐美尔关于社交关系的社会学分析,指出熟人社会的内部架构其实是一种社交关系,而社交关系的基本结构,其实就是敌人与朋友关系。哪怕再紧密的社交共同体都同时包含着敌意与善意。而自从陌生人渗入社交共同体并留下来以后,情况就发生了变化。在原有的社交共同体的分类体系中,陌生人无法被归类。他既不是朋友,也不是敌人。或者反过来说,陌生人既可能是朋友,也可能是敌人。①在《后现代性及其缺憾》中,鲍曼进一步深化了这个方向的思考,将陌生人看作是"不符合认知的、道德的和审美地图的"那一类人,因此本质上是一种无法被归类的人。齐美尔的陌生人身上的既远又近的矛盾性质,在鲍曼看来,本质上就是陌生人在社交共同体中无法被归类的本性。陌生人的此种难以被归类的性质,导致了世界的无序性,因此也导致了恐慌与焦虑,以及对陌生人的憎恶。陌生人因此被看作是"不洁的",是"污点"(戈夫曼语),像黏液一样令人感到不安全与不自由(萨特语)。

鲍曼认为:"所有的社会都产生陌生人,但是,每一种社会都产生自己的陌生人,并且是以一种独特的方式产生它们。"②鲍曼用这样一种分析框架解释了欧洲的犹太人问题,也用同样的分析框架,解释了后现代社会的陌生人,即消费社会的新穷人。他们之所以是陌生人,并非因

---

① 参见〔英〕鲍曼:《现代性与矛盾性》,邵迎生译,商务印书馆 2003 年版。
② 〔英〕鲍曼:《后现代性及其缺憾》,郇建立、李静韬译,学林出版社 2002 年版,第 16 页。

为他们是外来的。恰恰相反,他们之所以被看作是外来的,是因为他们是陌生人。他们模糊了作为秩序基础的分类学体系,因此被秩序所排斥,变成了秩序的外在者。但同时,秩序恰恰又是通过对外在者的划定与标识,建构起了一套自我的认同。就此而言,陌生人本质又内在于秩序之中,作为秩序的建构性要素而存在。尽管如此,如果陌生人试图跨越陌生人/内部人这个界限,试图成为内部人的一部分,由于其难以归类,"污染"了秩序的纯净性,模糊了秩序内部所设置的各种差异的界限,就会引起内部人的恐惧与排斥。

作为陌生人的犹太人之所以在欧洲的历史上遭遇如此之多的仇恨与排斥,就与此相关。鲍曼也用相同的框架来解释后现代流动社会中的陌生人。对鲍曼来说,虽然后现代社会尊重差异,这似乎意味着对现代社会的那种整齐划一的秩序模式的超越,但由于后现代社会以消费能力为检验标准,因此那些没有通过消费能力检验的人,就变成了模糊该标准的新污点,也就是新陌生人。后现代社会制造了新陌生人,即未能通过消费能力检验的新穷人。他们是"有缺陷的消费者",是"游戏的废品"。当这些新穷人大量涌现在消费人所熟悉的周末的街道、海滩与公园之中,就会引起消费人的恐惧与不安。因此,陌生人被限制在城市的贫民窟之中,被限制在工厂的车间里,而内部人则通过建构篱笆、防盗门、监控系统、富人区,来将自身与陌生人区隔开来。如此一来,陌生人既可以带来各种具有异域情调的美食与故事,同时又不至于侵害到消费人的生活空间。

三、 陌生人与陌生人社会

鲍曼的陌生人研究带着批判的激情与道德的义愤。尽管这种批判激情包含着对陌生人的深深同情,但它同时也使得陌生人这个概念失去社会科学的严格性,有变成一个道德概念的危险。尤其是,鲍曼的陌生人研究强化了古典陌生人研究隐含的一个框架,即主流人群与陌生人群之间的某种"主-客"或"主流-边缘"的二分框架。这样一种划分框架,基本上把陌生人看作是某种有着特定范围的少数人群,而与陌生人相对的则是普遍的主流人群。无论是齐美尔,还是帕克与舒茨,在他们关于陌生人的描述与观察中,陌生人的此种边缘性地位是显而易见的。同时,这也与人们日常生活经验中形成的陌生人形象是比较一致的。从比较历史学的角度来看,人类历史上大多数社会的陌生人都是作为边缘人群而存在的。

虽然齐美尔关于陌生人的研究,最初确实是从移民现象切入的,但齐美尔的社会学研究的志趣,从来都不是对具体历史现实的解释。齐美尔是将社会学理解成"一门关于社会形式原则的科学,必须在一种纯粹和抽象的完美中,提出各种概念和概念的相互关系,而它们在这些内容的历史的实现里永远不会出现"①。多数研究者都更关注齐美尔陌生人研究与犹太人历史处境的关系,感兴趣作为定居陌生人的既远且近的关系,同时也注意到了陌生人的流动性与客观性。但他们的研究层次基本上都局限于抽象层次比较低的移民框架中。

这就丢失了齐美尔陌生人研究的理论深度。重读齐美尔的陌生人研究,可以发现他基本上是将陌生人放到现代性根本处境的视野下进行考虑的。也就是说,他关切的其实是一个更基础的问题,即陌生人要素在现代社会的构成中,究竟意味着什么?

在这方面,卢曼社会系统理论传统中的两位研究者,即慕尼黑大学的纳塞希教授与波恩大学的施蒂希韦教授的陌生人研究很值得关注。② 纳塞希就曾经指出,陌生人研究的一个关键工作就是说清楚陌生人被社会性建构起来的条件是什么。纳塞希认为,多数陌生人研究文献

---

① 〔德〕齐美尔:《社会学:关于社会化形式的研究》,林荣远译,华夏出版社2002年版,第107页。
② See Armin Nassehi, *Differenzierungsfolgen: Beiträge zur Soziologie der Moderne*, VS Verlag für Sozialwissenschaften, 1999; Rudolf Stichweh, *Der Fremde: Studien zu Soziologie und Sozialgeschichte*, Suhrkamp Verlag, 2010.

的现象基础与灵感来源,都是18、19世纪的历史经验,而20世纪末以来,陌生人研究的经验基础,早已发生实质性的变化。例如,目前的社会状况是,人们往往对陌生人更了解,而对熟人更陌生。

施蒂希韦是卢曼的学生,卢曼去世以后,他是卢曼在比勒菲尔德大学教席的继承人。施蒂希韦明确提出了陌生人概念的普遍化问题,提出要建构一种能够适用于所有历史阶段的、能够作为比较历史社会学工具的陌生人概念。施蒂希韦借助于卢曼关于意义三个层次的理论,也从三个层次来建构陌生人的概念。在事实层次,陌生人是一个文化概念,涉及的是跨文化的理解问题,因此陌生人意味着难以理解性。在社会的层次,陌生人意味着不具有群体内的归属性,因此属于被群体排斥而不是被包容的人。在时间与空间方面,陌生人具有齐美尔曾经揭示的既远又近的属性。完整的陌生人概念同时包含这三个层次的含义。

施蒂希韦虽然也同意,陌生人构成了社交生活中敌人/朋友区分本身的对立面,既无法被归入敌人,也无法被归为朋友。但与鲍曼的观察不同的是,施蒂希韦认为,在当代社会中,社交结构中的敌我关系并不是主流状态,反而是例外状态,而在敌人与朋友之外大量存在的陌生人,作为"庸常的人们"(commonplace folk,该概念来自美国地理学家 Nathaniel Southgate Shaler），反而成了社会交往中最常见的现象。在此基础上形成了全新的逻辑结构，并对社会交往情境发生了根本性的影响。例如，在社会交往中，存在着大量的"礼貌性的疏忽"（civil inattention），或者类似于医生对病人的那种"超然的关怀"（detached concern）。施蒂希韦则将它称作是有意的冷淡（Indifferenz）。此种冷淡逻辑，已经变成了现代社会关系的一种基本规则。人们通常仅仅对交往对象的某些特定内容有兴趣，而选择性地忽视交往对象其他方面的内涵。例如，医生并不关心病人的家庭关系，而仅仅对病人的病情感兴趣，交通警察也仅仅关心交通违章情况，而不会去关心违章者个人爱好是什么。

纳塞希与施蒂希韦在陌生人概念的普遍化方面，确实有了实质性推进，但并不完全令人满意。这很可能是与陌生人意象的误导性有关。齐美尔的陌生人研究本意是关注现代社会秩序的构成问题，但陌生人这个概念意象本身蕴含着一种极大的牵引力量，将后人思考的方向扭转到对陌生人个体生活处境的观察与反思。

如果我们向卢曼学习，将陌生人概念彻底抽象化，就可以发现，作为秩序建构基本要素的陌生人，其关注的焦点并不是人，而是个体生存所依赖的整个意义参考的框架。西方社会学关于陌生人的研究，总是停留在移民问题的层次,而基本上看不到陌生人社会的探讨与研究,恰恰与此相关。事实上,这样彻底抽象化与普遍化的陌生人的概念可能性,与中国人的现代转型经验与感受是更符合的。虽然未被严格地概念化,但在中国社会转型的处境中,我们反而较为常见地使用"陌生人社会"的概念与意向。

如果我们从意义的参考框架来理解齐美尔的陌生人问题意识,那么陌生人问题并不仅仅是与陌生人在同一个社区共同生活的问题。尤其是,自从英国完成现代性转型,实现了大规模陌生社会的治理后,齐美尔所揭示的陌生人的那种"既远又近"的性质,其具体含义已经发生了变化。在新的情境中,由于现代交通与媒介技术的发达,生活在远方的陌生人(distant strangers),同样通过各种商品和服务与我们发生密切的关系。虽然这些远方的陌生人并不居住在我们中间,但我们日常生活中却与他们发生着千丝万缕的联系。例如,卧室也许是现代人最隐私的处所了,但现代人卧室中的大部分物品都是由陌生人生产,并由陌生人卖给我们的。我们与远方的陌生人之间的关系,比我们想象的要近。①

---

① 参见泮伟江:《当代中国法治的分析与建构》,中国法制出版社2012年版,第95页;〔美〕詹姆斯·弗农:《远方的陌生人:英国是如何成为现代国家的》,张祝馨译,商务印书馆2017年版,第21页。

在传统的社区中,人们交往所依赖的基础框架,主要是通过长期直接接触和共同生活所形成的人格的自我同一性(identity)。由于人们在各种生活情境中,都会频繁地接触与交往,所以这种人格的自我同一性能够保持相当稳定的状态。但随着社会演化,社会复杂性不断增强,尤其是随着远程贸易与交往的出现和发展,此种建立在人格自我同一性基础上的社会交往早就不够用了。社会必须发展出更复杂和更具有抽象性的基础性的参考框架。例如,各种各样的社会角色,就是一种比人格的自我同一性抽象程度更高的社会交往的基础性参考框架。卢曼曾经按照抽象程度的不同,总结出了四个层次的社会生活与交往的基础性框架,即人格的自我同一性、社会角色、社会程式与价值观。对于现代社会来说,社会角色与社会程式这两个类型的基础参考框架最重要。①

陌生人社会的关键含义并不是由大量陌生人共同生活组成的社会,而是整个社会中,用以为个体生活提供参照的基础性框架,是以陌生人为典型形象而构造出来的。因此,通过基础性参考框架的可靠性与稳定性的保障,人们就愿意向陌生人投资信任并承担这笔投资所可能存在的风险。正是在这个意义上,施蒂希韦揭示的人际交往

---

① 参见〔德〕卢曼:《法社会学》,宾凯、赵春燕译,上海人民出版社 2013 年版,第 121 页。

的冷淡风这一普遍现象,才能够得到根本性的解释。

从涂尔干开始,社会学家都忧心忡忡一个问题,即一个纯粹由陌生人组成的社会,很可能不过是一盘散沙,不可能实现成功的社会整合。而像鲍曼这样的社会学家则反过来忧虑,高度同质化的社群主义文化,很可能滋养出压制与排斥陌生人的专制主义。但如果我们采用参照框架的概念,就可以发现,基础性参考框架的演化与成熟,未必以牺牲各种地方性的社区为代价。同时,这种参考框架虽然不会影响各种地方性社区内部的当面交往的频率,但却改变了此种交往与互动的背景,从而也渗透进了此种当面沟通与交往的性质。如今,很难想象,任何熟人之间的当面互动与沟通,不需要以预设一个更大范围的、抽象而普遍的大参考框架为基础与背景。例如,当两个熟人面对面讨论天气时,他们不仅抬头看看天上有没有太阳,同时还会打开手机的天气 App,参考气象局提供的各种检测数据。我们与人聊天时,也往往会以对方的职业、教育背景等信息为参考,对对方的聊天内容作出判断。

当然,正如有学者指出的,陌生人是一个具有丰富潜能的概念。处于不同时代处境的不同学者,基于各自的问题意识,而揭示和挖掘这个概念所蕴含的某种方向的潜能,将其理论化,从而发展出适合自身社会与时代需要的陌生人理论。本文所尝试的将陌生人概念充分抽象化,进而发展出陌生人社会的理论,当然也是基于中国当下社会转型的历史处境与经验感受,而对这个概念进行分析与处理的一种初步尝试。我们也期待在不远的将来,中国的社会学研究,既能够充分吸收西方陌生人研究的丰富养料,同时也能够基于自身的问题意识与历史处境,发展出我们自己的陌生人研究的理论范式与研究传统。

哀悼杨德昌先生

周末打开电脑,浏览新闻,却发现一条坏消息:杨德昌走了。在这个电影世界中所谓的大师和明星满天飞的时代,在这个所谓的电影大师们以高票房而自我表彰,以电影市场的民族英雄而自诩的时代,一个真正的电影大师却悄悄地离开了这个喧嚣的世界。听到杨德昌走了的消息,心里有一种失落的沉痛。

我们为什么要怀念电影导演杨德昌呢?罗蒂走的时候,我正在看他的书,看得津津有味,虽然明白他讲德里达的很多地方都是误解,但是仍然佩服他误解得这么有才华,把文章写得这么有趣味。不过,罗蒂走的时候,虽然也感觉有些可惜,却并没有感到这种失落和沉痛。这种沉痛和失落,乃是对于一个思想的同行者和前行者去世的悲哀,而这种悲哀里包含着一种绝望。杨德昌并不寂寞的去世,恰恰映衬着思想者生前的寂寞和孤独,而这种寂寞和孤独表明了思想者的某种清醒和不妥协。当下的中国最需要的恰恰就是这样的思想者,而当下又恰恰最不能容许这种思想者的存在。如果他没有成功,就消灭他,如果他成功了,就招安他。

我并不认为杨德昌单单是一个拍电影的人,他是一个如同鲁迅先生那样的观察者和思想者,他的电影就如同鲁迅先生的小说一样,观察和思考着生活在这片土地和这个时代的中国人,观察和思考着他们的生存状态和精神状态。而他们艺术所达到的高度和成就,在某种意义上也代表着他们思想的高度。他们这样做的时候,也在反省着自己的创作状态和困惑。他们是探索者,作为一个中国人在探索着。而他们所思考的那些问题,他们在创作中所遭遇的困惑和获得的经验,或许是每一个真正有志于解决中国问题的人都将遭遇,或者正在遭遇的根本性问题。

哀悼杨德昌先生!

哪一个中国,何种之问题?
——评《法制现代化进程中的人民信访》

这是一本研究中国问题的专著。[①]

作为中国的法学研究者,应该研究中国的现实,这种说法对于我们来说应该是老生常谈了。能够就此问题取得一种大概的共识,说明中国的法学研究已经有了一种学术的自觉。不过,任何在中国研究法学的人心里其实都很清楚,真正重要和困难的是如何鉴定中国的问题,即我们研究的究竟是哪一个中国?何种之问题?究竟是秋菊的那个中国能够代表中国的国情和现状,还是北京国贸附近的那一片高档写字楼和时尚购物区?抑或两者其实都不是?中国当下法治的困境,究竟是因为我们的政府和学者眼里只有西方而看不到中国,还是因为我们学习西方学得还不够彻底,不够像?关注中国是否就意味着我们一定要跑到遥远的边陲小镇或穷乡僻壤,去寻找和收集那些散失在田野,早已被经济大潮冲击得七零八

[①] 参见李宏勃:《法制现代化进程中的人民信访》,清华大学出版社 2007 年版。

落的乡规民约?

不同的人对这些问题,会有不同的判断,而这些不同的判断又将影响这些人不同的理论路径的选择,从而得出完全不同的结论。我经常听人讲,转型期中国为中国的法学研究者提供了许多非常值得研究的问题,这些问题乃是学术研究的富矿。但是,换一个角度看,这也意味着转型期的中国是异常复杂的,这种复杂性也许远远超越了西方学者的想象。更进一步,由于中国学术机制和学术环境的复杂性,以及学术和政治之间纠缠不清的暧昧关系,中国学者要研究中国问题,在材料收集、学术自由等诸多方面,所遭遇的困难和因此增加的研究成本,也是西方学者所不可想象的。

因此之故,我对该书作者的这种尝试充满了敬意。在我看来,相比于已经分崩离析的所谓乡规民约来说,该书所选取的主题更能够体现中国当下政治和法律的困境和现实。对于当下的中国法治来说,最大的问题或许不在于国家法和民间法之间的二元张力,而是法律和政治之间的纠缠不清,也即所谓的"政法"问题。因此,要分析转型期中国法律问题的实质,对中国政治体制运作的过程和实质进行一番分析和了解,就成为必不可少的工作。

信访制度应该是中国法学研究者最应该面对又最不愿意面对的一个问题。在一个成熟的法治国家,信访制度本不应该有其一席之地。如果司法是独立的,审判是公正的,法律是能够得到人民群众接受和信任的,那么老百姓有了纠纷,无论是个人之间的还是针对政府的,直接到法院打官司就可以了,又何必要去信访呢?苏力先生在多年之前曾经写下两篇关于法律规避和法律多元的论文,在法学界内产生了较大的影响,不过苏力却没有指出来,在中国对法律最严重的规避,乃是制度化的信访。与司法制度背后蕴含的现代法治逻辑不同,信访背后所蕴含的逻辑是权力逻辑,选择了信访,就意味着当事人已经对司法体制以及支撑此一体制的现代法治逻辑失去了信任和耐心。我相信对于这些人来说,跨出这一步,一定是一个相当痛苦和艰难的选择,并且此前一定经历了一个更加痛苦的学习和醒悟的过程。说来惭愧,本人虽然没有亲身经历过信访,但当年选择来北京读书,并且首选中国政法大学,在一定程度上也是本人父母和亲朋好友长期生活经历所总结出来的这种痛苦体会的产物。如今选择从事学术研究事业,内心一直对当年寄予我厚望的父母双亲和亲朋好友备感愧疚。

如果信访制度在中国生存下来,并且获得了其自身的正当性,那么我们又如何去面对我们平常口口声声宣扬的那些法治的理念和价值呢?这不是我们法学研究者最应该坚守的底线吗?如此一来,从西方学来的那一整套的概念、方法,岂不是全都英雄无用武之地?因此,许多学者宁愿对此选择视而不见,听而不闻,按部就班地按照自己从西方学来的那一套学说和原理,亦步亦趋地接着人家的话头往下讲。

当然,问题的重要性并不足以保证相关研究的质量。如果信访问题是中国法学研究的富矿的话,那么在没有准备好足够精良的工具和做好相关准备工作的情况下就兴冲冲地开采这一学术富矿,也很可能会切断其矿脉,增加今后开采的难度乃至于使得今后的开采也变得不太可能。从这个意义上来讲,选择暂时的沉默或许确实是一种比较明智和负责的选择。

当然,如果既有了好的问题意识,又经受了良好的方法论训练,并构造起了适度的分析框架,就完全有可能真正地做出我们中国学者所应该有的学术贡献。即使相关问题不能够通过我们现阶段的研究获得最终的解决,但是如果能够因为我们的工作,而使得相关研究有所推进,或者为今后的研究打下扎实的基础,提供更多的方便,那也是一件功德无量的事情。

因此,在对作者的问题意识和理论勇气表示敬意和赞赏的同时,勾勒出该书分析和论证的逻辑理路,对其中所涉及的方法论问题进行一种有些"苛求"的"较真",或许是一种值得尝试的选择。

尽管该书作者一再重申其所使用的方法主要是法社会学的实证分析，但是综观全书，我倒更认为该书在一定意义上乃是根据现有的文献资料和学术成果，对信访制度所进行的一种制度发展史的重新梳理，在此基础上对信访这一特定时空条件下的特定制度背后所蕴含的制度逻辑的揭示和重新构造。因此，与其羞羞答答地说该书是实证的，倒不如大大方方地承认该书其实是理论的；与其说该书的贡献乃在于通过法社会学的实地调查为后来人的理论分析提供了基本和可信的材料，倒不如说该书真正的贡献乃是通过视角的转换和交叉学科方法的运用所带来的新鲜经验。以此观之，该书是否做到了韦伯意义上的严格的价值无涉，我是持怀疑态度的。例如，该书将信访制度当作中国特殊的公民政治参与的渠道加以肯定，我便认为其带有一种强烈的主观价值判断的色彩。在我看来，如果作者真的要严格恪守价值中立的立场，那么只需要将信访制度的运作过程讲清楚，将其发挥的功能讲清楚，究竟是去还是留，信访制度之于中国法制建设究竟有何种意义，已经是下一步的工作了。

如果我的这种分析是有道理的，那么我个人认为该书最有价值的部分，也是最精彩部分应该是第六章，即"去还是留：法制现代化进程中的人民信访"。对于信访的信息沟通以及大众参与的功能，通过胡伟等政治学学者所作的"政府过程"的分析,我们"至今已觉不新鲜"了,但是却鲜有人对信访的运作逻辑和法治的逻辑进行一种全面和细致的比较分析,从而揭示两者在价值理念和制度运行过程中的冲突,并且尽量在当下中国的现实之下寻求化解二者张力的途径。即使坚持法治理念与价值的人,也不得不承认在法治的理念和目标与现实的环境之间,存在着一个相当遥远的距离。既然如此,那么司法独立也好,信访制度也罢,在当下中国的语境之中,就有其各自存在的合理性。而我们所做的工作,便是揭示这样一种合理性,并且推动制度向一种值得向往的方向发展。

对此,我们不妨列举英国衡平法的发展作一个例子。按照经典的政治哲学理论,衡平法在现代民主和法治国家,似乎不应该占据一席之地,而衡平法的裁判方式也一直颇受攻击。但是从衡平法的产生背景来看,其却有历史的合理性,并且也显示了一种罕见的生命力。不难发现,衡平法的产生,乃是由于普通法法院的过分形式主义,以及由此引起的诉讼的艰难和不公正。而衡平法打着法律良心的口号,以国王的名义干涉普通司法程序救济,在一定程度上也不过是权力对司法的某种干预。这种干预在一定程度上化解了普通法法院所面临的压力,提供了一种新的民意沟通渠道和纠纷解决机制。值得一提的是,衡平法法院发展出了"衡平法遵循普通法"的原则,并且采纳了普通法法院的遵循先例原则,在一定程度上又使得衡平法法院的司法特征与其权力特征取得了某种平衡,因此在一定程度上又被纳入了英国的法治轨道。

中国信访制度与英国历史上的衡平法制度相比,由于中国自身政治体制的特殊性,当然有着完全不同于英国衡平法法院的特点,其所承担的政治参与和信息传递的功能也确实远远超越了纠纷解决的功能。但是,作为一个法学研究者,我们对信访制度所做出的可能的贡献,或许还是其中所涉及的涉法信访这一部分,以及对信访制度的合理化重构工作。

最后,我也想跳开具体的问题,就一般的方法论层面谈论规范分析和实证分析之间的关系。本文的分析进路无疑受到政治学的"政府过程"范式的极大启发,强调的是一种结构功能主义的分析视角。这种结构功能主义的研究进路,作为对规范分析视角的反动,被提出后即在政治学领域获得了极大的成功。但是,我们同时也要注意到政府过程等行为主义的实证政治学和法社会学研究,都是在西方整体的政治架构的设计和论证、政治的合法性和正当性等大问题解决之后所产生的。并且,采取规范分析视角的政治哲学和法哲学,例如以罗尔斯为代表的正义理论以及以哈特等人为代表的规范分析法学,在20世纪70年代的西方理论界都产生了强烈的反弹和复兴。最近一二十年来，西方国家对霍布斯、卢梭、马基雅维利以及康德等经典的政治哲学家又重新产生了浓厚的兴趣，经典的评论和解释作品相继出现，这更值得我们深思。

理论视角和分析工具的选择并不总是任意的，因为这种选择在一定程度上要受到研究对象和问题意识的严重制约。因此，在分析当下中国的政治和法律问题时，完全放弃规范的和建构性的视角，转而采用单一的结构功能主义视角，或者仅仅着眼于局部的实证研究，这是否可行，很值得怀疑。例如信访制度，我个人以为其在当下中国政治和法律体制中的尴尬地位，乃是由于当下中国的政治法律体制，在基本原则和核心理念上并没有完全厘清，因此并没有形成成熟、稳定和可靠的基本政治权力配置方式和政治运行机制。当下中国的许多政治机制都带有一定程度的临时性，这种临时性隐蔽在政府摸着石头过河的实用主义哲学和功利主义的合法性观念之中，在GDP数字的光环之下，显得风平浪静。因此，如果缺乏这样一种重构性和整体性的视角，而仅仅把目光锁定在数字和实证的个案资料上，表面上似乎放大了某些细节，尊重了中国现实的复杂性，实质上倒很可能简化或者忽略了这一问题的复杂性，因此回避了某些更为重要的问题。

中国法治转型期的疑难案件

疑难案件与常规案件的区分,是法学院学生早已耳熟能详的常识。随便在法学院找一个学生,他都可以告诉你标准的教科书式的答案:所谓的常规案件,就是运用法学院学习的法律知识与方法,解释和适用法律没有争议的案件;而疑难案件,就是法官在裁判过程中,很难简单地将法律规范直接适用于案件事实作出裁判的案件。如果你找的是一个高年级的法科学生,他或许还会告诉你,疑难案件的产生,往往与究竟该适用何种法律规范,法律规范的具体含义为何,以及究竟什么样的规范才是法律等法律解释问题相关。多数案件都是常规案件,并且常规案件主要集中在初审法院,而疑难案件主要集中在上诉法院。对于法律的发展而言,疑难案件比常规案件更重要,疑难案件的解决,对法律发展而言,往往具有标杆性的意义。这就是为什么上诉法院和最高法院处理的案件,往往最受法律人瞩目的原因之所在。

尴尬的是,在中国法治转型时期,此种关于疑难案件与常规案件的经典区分却遭遇到了现实的不断挑战,反而不断地被边缘化。晚近30多年不断涌现出来的各种具有重要影响、引起巨大争议的所谓疑难案件,恰恰是法律适用相对简单的案件。这些案件不但很少来自上诉法院,甚至根本就没有进入法院,即引起了轰动效应。大量的知名法学家把大量的精力放到此种根本没有经过庭审的"案件"的讨论中,形成大量的法学论文与评论,甚至有许多法学家将自身的主要精力投入于此,借此安身立命——这构成了中国法律公共辩论的一道重要而奇特的景象。

许多法律理论研究者因此对经典法律理论提出了各种批评与质疑,认为经典的法律理论来自西方,教条主义式地照抄照搬西方法律的概念与理论,难以解决中国法律实践的现实问题。也有学院派的法学家对此类具有中国特色的疑难案件不屑一顾,认为此类疑难案件之所以疑难,不在于法律,而在于道德与政治。然而,哪怕是最纯粹的教义派法学家,也很难完全以此种理由置身事外,反而不断地因各种原因,或多或少地投入对此类疑难案件的讨论之中。而事实上,法律问题在此类案件中,确实扮演了重要的角色,从而使得此类事件被当作一个"法律案件"来对待和处理,而不仅仅被看作是一种纯粹的政治或伦理的"事件"。既然此类疑难案件中,法律从未缺席,并且构成了其中不可或缺的一个要素和维度,则此类疑难案件,理所当然地要被纳入法律理论考察的范围之中。

事实上,此种景象折射出了中国法治建设转型期的某些根本特征,值得认真对待。此类案件的一个重要特征,便是多维度,而法律仅仅是其中的一个维度。通过考察法律之维在其中所扮演的角色和发挥的作用,我们便可以对转型期中国法治的复杂性,有更深刻的理解。

我们不妨借最近发生的一个案件,管中窥豹,对此类中国式的疑难案件,略作分析。据报载,2014 年 7 月 16 日,7 名访民在中国青年报门口集体服农药自杀。据核实,7 人是江苏省宿迁市泗洪县的访民代表,曾因拆迁补偿问题上访。经过抢救,7 人均已脱离生命危险,随后被以涉嫌寻衅滋事罪的法律理由刑事拘留。同时,访民反映的江苏省泗洪县有关部门在 2013 年旧城改造项目中的违规问题,也被调查确认,涉事的泗洪县委书记、常务副县长等 14 名相关责任人被处以党纪政纪处分。

与许多其他中国式的疑难案件一样,此案由于涉及上访、集体自杀、知名媒体、拆迁、寻衅滋事罪等要素,经过微博爆料之后,马上变成了一个重要的政法案件。在该事件中,法律的要素随处可见。首先,政府拆迁是否拥有合法根据,拆迁过程是否符合法定程序,便是一个常规的法律问题。根据事后的调查可以发现,拆迁过程中确实存在着法律依据不足、违背法定程序的问题。对于泗洪县政府的此种违法拆迁行为，权益受侵害的公民当然可以选择通过行政诉讼的方式来维护自己的权益。但他们最后选择了上访的方式来维权，也典型地反映了中国式疑难案件的特征。这些访民是否穷尽了法律救济方法之后才采取上访的方式维权，目前不得而知，即便可能是他们越过了行政诉讼的方式而直接选择了上访的方式维权，也表明了目前政法体制下行政诉讼制度的尴尬地位。司法在公民维权中难以正常发挥作用，导致其丧失基本公信力，从而使得上访这一非常规维权手段替代司法成为维权的常规渠道，这足以反映中国司法与法治的根本困境。

根据记者对此案的深度调查，围绕拆迁案，政府与访民之间的种种博弈，采取的种种手段，典型地反映了转型期中国治理过程中面临的种种困境，以及各种微观权力斗争的策略与方法论。最后7名访民代表选择在具有官方背景的中国青年报报社门前集体喝农药自杀，这具有高度象征意义的行为艺术，体现了围绕拆迁问题，双方矛盾的升级和权力斗争技艺的升级。

根据北京大学吴飞教授的人类学田野调查，与涂尔干等西方经典社会理论家所揭示的西式自杀现象不同，自杀在中国从来不是现代大规模人群治理中产生的个人孤独问题,而是中国微观权力斗争的一个终极策略。①这可能与中国文化有特定关系。韦伯就曾经指出过,自杀在中国具有一种"巫术"的意义。当一个人的生活陷入绝境时,他的族人便有道义上救助的义务。如果族人拒绝救助,他就有可能在族人的家门口自杀,从而招来鬼魂的复仇。② 例如,通过吴飞的调查可以发现,中国大量存在的自杀,都是农村妇女在处理家庭纠纷中的绝望自杀。此种自杀的"东方巫术",与传统中国家产官僚制诉之于天道的理想化形象结合在一起,便形成了一种中国特色的申冤策略——通过悲愤绝望而自杀的操作,引起舆论和大众的同情与呼告,从而对官僚体制形成极大的约束力。著名的戏剧《窦娥冤》,便是此种自杀式维权与申冤的典型教科书。

根据记者的调查,此案中的自杀带有明显的策划痕迹。目前策划者的身份仍不可知。这也是政府在处理此案时,深感忧虑的。因为事件处理者深知,即便此类案件是策划的,此种中国式自杀的申冤与维权约束力,仍然是巨大的。一个显著的先例是,中国南方某法院处理一个

---

① 参见吴飞:《自杀作为中国问题》,生活·读书·新知三联书店 2007 年版。
② 参见〔德〕韦伯:《法律社会学》,康乐、简惠美译,广西师范大学出版社 2005 年版,第 49 页。

案件,本来是依法裁判的,但当事人亮出自杀绝招,在法院门前喝了农药以后,该法院便迫于压力,只好改判了事。本案的自杀事件,恰恰由于其事先经过精心策划,选择在官方知名媒体门前自杀的方式,形成了巨大的舆论放大效应,因此毫无悬念地惊动了国家信访局、住建部、江苏省委书记和省长等重要部门和人物,其所反映的违法拆迁问题,也很快得到了处理。

由此可见此类自杀式维权的威力之所在。事实上,此次中国青年报报社门前的集体自杀的行为艺术,可以说是此类屡见不鲜的拆迁事件中,伤亡者家属政府门前抬棺示威,拆迁者与伤亡者家属之间爆发的"抢尸大战"的升级版。这表明,在微观权力斗争层面,没有绝对的优势者。弱者也有弱者的"核武器"。而本次集体自杀事件,乃是弱者"核武器"之威慑力的巧妙运用。本案虽然法律关系简单,但此种"核武器"的政治运用之娴熟,尤其是与现代传媒技术的巧妙配合,足可以成为此类案件的经典案例。本次事件处理者最后煞费苦心地用涉嫌寻衅滋事罪的理由刑事拘留 7 名集体自杀表演者,其传达的信号恰恰是对此类事件模仿者的警告——尽管寻衅滋事罪的理由本身非常牵强,此类警告是否能够达成预期的效果,也很值得怀疑。

许多法律文学家往往运用麻雀解剖术,通过对这些中国式疑难案件的细致描述,嘲笑法律的无能与无力。他们得出结论说,在这些案例中,法律是帮凶和权力的伪装。然而,他们此种看似激进的批判和揭示,表面上是批判法治与权力的合谋,实质上仍不过是对权力的另外一种膜拜。与许多通过此类案件讽刺法律之无能的法律文学家的批判不同,本文对一个中国式疑难案件的剖析,所发现的恰恰是政治的无能。随着中国改革开放的日益深化,中国社会的复杂性也日益加强,利益不断分化。权力,这一中国社会的传统治理神器,在应对这些不断分化的利益和日益复杂的社会时,正不断地捉襟见肘,气喘吁吁,难以摆平理顺。法治则提供了此种复杂社会的治理新思路。因此,我们也不妨借此案安慰一下法学家们,犹如当年柏拉图在《理想国》中安慰那些真正的法学家们一样——哲学之所以不被重视,名声不好,原因不在于哲学家,而在于统治者自身。

从"彭水诗案"看民意沟通渠道

2006年8月15日,秦中飞在茶余饭后、闲暇之余,用手机编发了一首有关时事的打油诗。他万万没想到,半个月后,警察找上门来,这条让自己小有得意的短信竟招来牢狱之灾——彭水县公安局以涉嫌"诽谤罪"把他送进看守所关押了一个月。如今,秦中飞已出狱门取保候审,当他对"梦绕云山心似鹿,魂飞汤火命如鸡"的经历仍心有余悸时,当地警方表示发现了他另外更为严重的罪行。案件目前还在审查起诉阶段。2006年10月18日,事情有了最新进展,检察院认定秦中飞诽谤了县委书记和县长。

据了解,该诗暗指的官员包括已经于今年因贪污腐败问题被抓起来的彭水县前任县委书记马平,以及现任县长和县委书记。诗中还有多处涉及彭水当地的一些重大公共工程建设和政府行为的评价和观感。这么一首随意写成的小诗,却给秦中飞和他周围亲戚的人生带来了致命的打击。秦中飞不但自己被公安局和检察院以"诽谤罪"的罪名审查和起诉,面临身陷囹圄的危险,还使得受此事牵连的亲朋好友的职业和人生都蒙上了一层阴影。

一、"诽谤罪"背后的政治与法律问题

就本案中涉及的法律问题而言,诽谤罪本是一种自诉案件,只有在严重危害社会秩序和国家利益的情况下才能够提起公诉。在本案中,所谓的被诽谤对象并没有提出自诉,而是由当地的公安机关和检察院直接介入调查并提起诉讼,因此显然是将这一所谓的"诽谤行为"定性为"严重危害社会秩序和国家利益"了。然而检察院并没有说明,为何一首穷酸文人信手而作的小诗,其传播的范围仅限于40多个亲朋好友之间,竟然会引起所谓的"社会公愤",并且还"严重危害该县社会秩序"。有趣的是检察院所运用的"社会公愤"这个词和"破坏了蓝庆华、周伟的名誉"这个结论之间的关系。检察院并没有明言这个社会公愤的对象究竟是秦中飞的这首小诗还是身为县长和县委书记的周伟和蓝庆华。如果说,"社会公愤"所愤怒的是秦中飞的这首游戏之作,那么这说明周伟和蓝庆华两人不但没有因为此事而名誉受损,还因此获得了广大人民群众的拥护和爱戴;如果说,"社会公愤"所愤怒的乃是周伟和蓝庆华,那么如果缺乏一定的事实作基础,就说一首小小的诗歌引起了"社会公愤",显然是低

估了人民群众的智慧。正所谓"人民群众的眼睛是雪亮的"。

诽谤罪在《刑法》中是被放到第四章"侵犯公民人身权利、民主权利罪"来规定的,其针对的乃是公民个人人身权利的侵害。然而,这首诗歌所针对和批评的,其实并非作为私人的周伟和蓝庆华,而是作为国家公职人员的周伟和蓝庆华。其所批评的也并非周伟和蓝庆华二人的私人生活作风和个人道德问题,而是当前彭水县的一些公共工程的建设和彭水县政府的一些政府行为。就此而言,这个案件不是一个一般刑法上的诽谤罪的问题,其实质上却是一个"诽谤政府罪"的问题。我国法律并没有明文规定"诽谤政府罪",不得已而为之,彭水县的检察院才以《刑法》第246条的诽谤罪来起诉秦中飞。也就是说,周伟和蓝庆华这两个人的身份,在一定程度上起到了一种连接和转换政治与法律的"代码"(code)作用。

这个案件之所以引起关注,并非由于其间所涉及的法律问题,而是由于其间所涉及的政治性言论自由的问题。本案并非典型的政治性言论自由的案件,但却比典型的政治性言论自由的案件更有分析的价值。所谓的政治性言论,主要是指一个国家的公民在公共空间公开地对政府的行为提出批评和进行监督的言论(详见《中华人民共和国宪法》第41条)。在本案中,当事人秦中飞并没有在公开的媒体或者集会上对政府的行为作出批评,而是在自己的短信和QQ中传播这种批评。更有趣的是表达这种意见所运用的语言形式。从记者报道的这首诗歌产生的过程来看,我相信这更像是一首涂鸦之作,而非一种有目的地面向公众,并且意图激发群众行动(无论这种行动是言论行动还是其他行动)的政治性言论。

但是,恰恰是这样一种非典型的政治性言论,却被彭水县地方政府当作了一种典型的政治性言论,并且如临大敌,对其作出了相当激烈的反应,这是为何?

二、"彭水诗案"背后的政治民谣传统

首先,我们必须看到,这首短诗在某种程度上延续了中国自古就有的"政治民谣"传统。在中国传统社会,由于正式的体制化的信息传播渠道不畅通,因此政府倾听民意的一个重要渠道便是流传在民间的这种歌谣。从历史来看,一方面,这种歌谣之所以能够被广为传唱,说明它还是有着相当广泛的民意基础的;另一方面,一般的普通老百姓并不具备这种言说的能力,并且能够或者有望进入高级决策机构的那些知识分子一般也不会去作这些歌谣,因此这些歌谣的大部分作者,主要是一些掌握一定的文字表达能力,但是却没有渠道通向政治竞技场的中下级知识分子,或者说乡村知识分子。从这个意义上讲,

写诗作赋的能力在信息封闭和教育无法普及的中国传统社会，本身就具备了潜在的政治意义。

同时，我们也必须看到，这样一个非正式的、带有一定自发性的民意发泄渠道，与国家正式的行政管理体制之间有着一种若即若离的关系。一方面，政府会定期派人去民间采风，收集这些在民间广为传唱的歌谣，以弥补国家正式信息传播渠道的缺陷和不足；另一方面，由正式国家行政体制所搭建的政治竞技场里的竞争者们，有时候也会匿名创作这些歌谣，有意识地利用这个传播渠道来打击自己的竞争对手，提升自己的民意基础。

由于这些民间歌谣带有很强的自发性和非正式性，在某种意义上，它缺乏对政府决策和政府行为的理性和系统的分析过程，更多地表达了普通民众对政府决策及其行动的一种观感，言辞之中带着很强烈的肯定或者否定的情绪。冷幽默、一语双关、押韵、朗朗上口是这种非典型的政治言论的显著特征。同时，它也往往是即兴创作的产物，并且在传播的过程中往往经过不同的文人之手，因此经过了二次加工乃至于多次加工。

无论是这首讽刺诗创作的过程，还是其表达政治观点的方式与传播方式（的确，这首诗歌在形式上或许比传统的政治民谣更加复杂，但是这在一定程度上与其通过短信这一方式传播联系在一起，这使得其不需要通过不识字的儿童以及文盲直接记住并且念出来进行传播),乃至当地政府对这首诗歌所作出的反应,我们都可以看出彭水诗案在很大程度上完全符合传统民谣的这些特征。

有关部门非常敏锐地对事情作出了处理,以产生一种震慑效应,遏制其传播的速度和效应。如果说时光倒退300年,我们很难说彭水县地方政府的这一铁腕做法不符合中国政治运作的逻辑,因此是一个糟糕决策。然而,偏偏这件事情出现在今日之中国,其决策不但没有收到应有的成效,还因为《凤凰卫视》和《南方周末》等大型新闻机构的介入,使整个事情出现了戏剧性的转化。这恐怕是彭水县有关部门的决策者们始料未及的。

三、 公共舆论空间的边界

从这个意义上讲,彭水县有关部门处理公共政治言论的思维和做法是完全落后于这个时代的。推而论之,我们对待公共政治言论的思维和做法,或许都是落后于这个时代的。笔者曾经一再指出,要摆脱这些非正式的信息传播渠道所必然具有的信息不准确性、观点的随意性和情绪性,政府必须建立一个正式的、畅通的和理性的公共空间,使得民意能够通过体制内的渠道直接传递到最高决策当局,并且能够使得最高决策当局的所有行动都能够经受住公民的监督。如果这样一个正式的公共舆论空间是萎缩的，或者说普通公民在这样一个正式的公共舆论空间发表批评政府的言论时，顾虑重重以至于不愿意表达自己的真实意愿，类似于民谣这样的非正式的民意表达渠道就会不可避免地出现乃至泛滥。如果连这些政治民谣都被压制和打击，那么老百姓就会更加隐晦地表达和传递自己对政府某些决策和行为的不满。

具体到本案，这里就涉及是否有一种所谓的"诽谤政府罪"的罪行。正如罗尔斯所说的，在一个公平正义的社会里面，政府的政策和官员的行为都可能出现严重的过失，人民对政府政策和官员的行为有所批评，乃是抒发民怨、吁请政府改弦更张、纠正贪污枉法的正当管道。因此，如果这些批评轻易地被扣以"诽谤政府罪"，那么社会将成为"一言堂"，社会的生机及诊治错误的机制也将无着力之处。①

以此观之，类似于本案中的这种非典型的政治性言论，事实上表明了普通公民的矛盾心理，是一种"冷漠的"政治性言论。它表达了普通老百姓既有政治参与的渴望，又希望远离政治是非，仅仅将其当作茶余饭后的谈资，以退回日常生活世界的矛盾心态。

政府应该有容忍批评的自信。彭水县地方政府之所

---

① 参见张福建："美国宪政史上的政治言论自由案——罗尔斯的观点"，《开放时代》2005 年第 3 期。

以会打击秦中飞,在一定程度乃是由于某种不自信和恐慌。彭水县地方政府的虚弱和不自信来源于"发展就是一切"这一意识形态所带来的沉重压力。

当前党中央和中央政府提出了建设社会主义和谐社会的目标和任务,围绕着这一目标,党中央又在十六届六中全会提出了要在公平的理念下,加快政治文明建设的步伐,保障公民有序的政治参与,畅通民意诉求和沟通渠道,及时化解社会矛盾。这在某种程度上,意味着我国中央政府已经开始考虑如下问题,即如何让政府的正当性摆脱对"发展就是一切"这一实际有效性的过分依赖,在面对民意批评时,能够变得更加自信和谦虚。这或许也是今后我国各级政府应该认真研究和考虑的一个问题,也是我们从这一所谓的"彭水诗案"中所得到的一个启示。

新闻发言人制度：一个美丽的陷阱

一、受命于危难之际的新闻发言人制度

2006年9月,最高人民法院宣布要在司法系统内部建立新闻发言人制度。这标志着新闻发言人制度已经从行政机构扩展到司法机构。

新闻发言人制度或许是近年来除"行政首长引咎辞职制度"之外最风行和最被广为称颂的政府体制改革了。同样地,这两个制度之所以被各级政府部门广为接受,并且得到了大范围的舆论支持和肯定,在一定程度上是得益于2003年中央政府处理"SARS(非典)危机"所积累的成功经验。

自2002年11月16日广东佛山发现第一起SARS病例起,一直到2003年4月20日,政府有关部门处理SARS危机并不成功。这在一定程度乃是由于政府在应对SARS传播时,采取了比较落后的传统的管理方法。

由于现代交通工具的发展,像SARS一样严重威胁人类生命和健康的传染病已经突破了地域和时间的限

制,从而使得传统的应对方法统统失效。此外,现代通信技术和通信网络的发展,又使得信息封锁的能力受到了严峻的挑战。例如,根据应星先生对三峡移民事件的调查和研究,传统的行政管理体制,在应付突发事件时,常规的处理方法往往是"摆平理顺",其着重点是化解纠纷,压制冲突,而不是给纠纷提供一个制度性的疏导的通道。①

对于纠纷,传统行政管理体制中官僚的第一感觉就是"麻烦",这使得他们在遭遇突发事件的时候,第一反应往往是先封锁消息,以为摆平和理顺赢得时间。然而传统的行政管理体制内部的信息传递机制并不顺畅,许多对中央高层的决策有着重要参考价值的信息往往不能及时、真实和准确地传递到最高决策当局,而最高决策机构所作的政策也往往无法依靠这个落后的行政体制有效地贯彻到最基层。

SARS危机可以说是给了这种传统的行政组织体制和管理体制迎头一击。到中央高层意识到行政机关内部的信息鉴别机制和传送机制失灵之后,SARS的传播范围已经相当广泛,远远超过了常规的行政管理体制能够应对的程度。并且由于落后的行政管理体制采取了落后

---

① 参见应星:《大河移民上访的故事》,生活·读书·新知三联书店2001年版。

的信息封锁和信息管制的策略，SARS传播的信息只能依靠非正式的信息渠道传播。非正式的信息传播渠道的一个重要特点，就是信息的随意性和不可靠性——信息经过非正式传播渠道的传播之后，往往被添油加醋地进行了夸大。在紧急状态下，这种夹杂着谣言和真相的信息往往引发了各种各样的猜测，而这种猜测本身又再次被当作信息进行传播，从而加剧了整个社会的恐慌和动荡。

2003年4月20日是一个转折点。中央政府终于意识到了事态的严重性，并且采取了公共危机管理的手段来化解这一公共危机。在动用军队资源介入SARS研究和诊断，有效实施隔离制度之外，中央政府加强了通过正式的信息渠道发布信息。在SARS期间，北京市组织了9次新闻发布会，取得了很好的效果。通过正式的信息发布机制及时发布信息，极大地增加了信息的权威性和真实性，有效地遏制了通过非正式信息机制所传播的小道消息，从而消除了这些不真实和不准确的信息对民众心理所造成的干扰，也间接地减轻了政府所面对的公共舆论的压力。

二、"风险社会"：挑战信息公开能力

总结中国政府处理SARS危机的经验教训，至少有

如下几点值得我们注意：

首先，由于交通和通信等现代科学技术的发展，以及改革开放以后整个中国社会日趋多元化和复杂化，中国社会已经日益步入所谓的"风险社会"。如何应对这样一个风险社会对传统行政管理体制所提出的挑战，是非常值得我们深思的一个问题。从 SARS 危机来看，至少有一点相当值得我们重视，那就是新闻媒体往往比行政官僚体制更能准确和敏感地鉴别出重要的信息，并且能够成功地将相关问题转化成公共讨论的议题，提供各种解决问题的建议，从而放大相关问题的影响力，最后引起最高决策层的注意，将这个问题转化成制度内解决的问题。

其次，诸如像"新闻发言人制度"这样的政府正式信息发布机制的出现，并不以取消和限制传统的其他信息披露机制为前提。相反，正确的做法是，正式的信息发布机制应该采取多元化的方式，尽量使得政府的信息能够公开和透明，从而使得公众更简易和直接地获取政府办公的信息。我们看到，只要国家的正式信息发布机制所发布的信息能够保证及时和准确，那么各种小道消息和谣言则会自动地消失和失去影响力。因此，新闻发言人制度所针对的乃是各种非正式的信息发布机制，而并非人们在获取信息之后，对政府相关行政行为之合理性所作的分析和评价。

最后,无论是新闻发言人制度也好,还是行政首长引咎辞职制度也罢,都是政府在处理公共危机时所采取的一个紧急措施。这一措施在处理SARS危机时能够收到良好的成效,并不表明其在处理日常行政管理体制的问题时,就能够收到同样良好的效果。

我们看到,从2003年4月20日到SARS危机的化解,政府的危机应对机制是相当成功的。而"行政首长引咎辞职制度"和"新闻发言人制度"则作为成功的行政管理经验被各级政府接受。2003年9月22日,国务院新闻办第一期全国新闻发言人培训班开课,66个部委的100多名新闻发言人参加了学习。同时,国务院提出了建立国务院新闻办公室、中央各部委、省级人民政府的三级新闻发言人制度。2004年12月28日,国新办主任赵启正对中外媒体表示,目前我国三个层次的新闻发布体制已基本建立,在中国内地的31个省、自治区、直辖市中,20个已经建立了新闻发布和新闻发言人制度。62个国务院部门建立了新闻发布制度,设立了新闻发言人,成立了工作班子。

三、"管制"的新闻发布:信息公开的陷阱?

新闻发言人制度在短短的两年内,迅速获得中央和地方各级政府的普遍接受和应用,从一个偶然性的应对突发事件的临时措施变成一个普遍化的制度,在这中间究竟发生了哪些事情呢？其迅速扩展背后的原理究竟是什么呢？

从表面上的理由来看,新闻发言人制度的推广和应用至少有如下两个正当化理由：1. 促进政府的信息公开和政务公开；2. 这是中央政府在处理 SARS 危机时所积累的宝贵经验。

但是,如果我们深入这个制度自我扩展和自我演化的背后,就会发现一幅完全不同的景象。例如,在建立新闻发言人制度的同时,各级政府往往对政府的行政官员接受采访进行了严格的限制,从而在一定程度上垄断了政府信息的发布权。同时,究竟允许哪些新闻机构参加新闻发布会？参加新闻发布会的记者对相关信息报道的尺度如何？由于各地政府垄断了相关信息的发布权,答案似乎不言而喻。

我们知道,行政机关的层层审批使得新闻发言人制度仍然摆脱不了前文分析的传统行政体制的种种弊端。另一方面,许多地方政府在推出新闻发言人制度的同时,也规定新闻机构不得在新闻发布会之前抢发相关新闻。这就进一步堵死了新闻机构通过其他渠道发布新闻的可能性。而新闻发言人所掌握的各种专业技巧,又使得政府机构在同新闻媒介打交道的时候,更具有针对性和主动性。由此,新闻发言人制度往往流变成政府官员躲避新闻媒体采访的挡箭牌。

如此看来,新闻发言人制度背后运作的机理,似乎已经远远背离了其制度创新的初衷。在重大公共危机中设立的新闻发言人制度,其职能一旦扩散到常规和日常的事务之中时,它就不只是促进了政府的信息公开和政务公开,而是使得各级政府更加成功地获得了信息封锁的主动权。其所针对的不再是各种通过非正式机制传播的谣言和小道消息,而是公众由于获得政务信息的知情权和公共事务的监督权而给自身带来的强大的舆论压力。对此,时任最高人民法院院长肖扬在论证新闻发言人制度的必要性时,说得非常明白:"在中国,媒体对案件审判的报道与日俱增,媒体对司法审判的影响越来越大,媒体对司法审判的关注也使得司法工作面临越来越大的社会压力。"很显然,在这里,肖扬没有说媒体对司法审判的报道是准确的还是错误的,而是强调媒体对司法审判关注的增加以及由此对司法审判所带来的影响和压力。

历史的经验告诉我们,通过压制和封锁信息的方式并不能阻止媒体对相关问题的关注,相反,相关信息的缺乏,必然引发各种猜测和谣言的产生。因此,通过新闻媒体及时准确地报道相关事实,组织相关领域的专家进行客观准确的分析,反而能够有效地引导民意,从而消除公共舆论可能产生出来的偏见,引导公共舆论产生一种健康理性的监督力量。这对于现在的新闻发言人制度来说,或许也同样具有借鉴意义。

当然,要想真正消除由于公共舆论监督所产生的压力,根本上还必须对内部的运行机制进行检讨,释放制度的能量和活力,提高制度的适应能力,这才是治本的方法。而通过新闻发言人制度的设立来进一步封锁政府信息,则是一种饮鸩止渴的治标的方法。

参考文献

程春明:《司法权及其配置:理论语境、中英法式样及国际趋势》,中国法制出版社 2009 年版。

邓正来:《中国法学向何处去》,商务印书馆 2006 年版。

费孝通:《乡土中国》,生活·读书·新知三联书店 1985 年版。

高鸿钧:《现代法治的出路》,清华大学出版社 2003 年版。

高全喜:《立宪时刻:论〈清帝逊位诏书〉》,广西师范大学出版社 2011 年版。

何海波:《实质法治:寻求行政判决的合法性》,法律出版社 2009 年版。

洪涛:《逻各斯与空间:古代希腊政治哲学研究》,上海人民出版社 1998 年版。

黄卉:《法学通说与法学方法:基于法条主义的立场》,中国法制出版社 2015 年版。

黄卉等编:《大陆法系判例:制度·方法——判例研读沙龙 I》,清华大学出版社 2013 年版。

黄仁宇:《中国大历史》,生活·读书·新知三联书店 1997 年版。

黄仁宇:《资本主义与二十一世纪》,生活·读书·新知三联书店 1997 年版。

黄宗智:《华北的小农经济与社会变迁》,中华书局 2000 年版。

黄宗智:《民事审判与民间调解:清代的表达与实践》,中国社会科学出版社 1998 年版。

黄宗智:《长江三角洲小农家庭与乡村发展》,中华书局 2000 年版。

季卫东:《法律程序的意义:对中国法制建设的另一种思考》,中国法制出版社 2004 年版。

李宏勃:《法制现代化进程中的人民信访》,清华大学出版社 2007 年版。

李猛:《自然社会:自然法与现代道德世界的形成》,生活·读书·新知三联书店 2015 年版。

刘擎:《悬而未决的时刻:现代性论域中的西方思想》,新星出版社 2006 年版。

刘小枫:《沉重的肉身:现代性伦理的叙事纬语》,上海人民出版社 1999 年版。

泮伟江:《当代中国法治的分析与建构》,中国法制出版社 2012 年版。

泮伟江:《一个普通法的故事:英格兰政体的奥秘》,广西师范大学出版社 2015 年版。

钱穆:《中国史学名著》,生活·读书·新知三联书店 2000 年版。

沈岿:《公法变迁与合法性》,法律出版社 2010 年版。

施展:《枢纽:3000 年的中国》,广西师范大学出版社 2018 年版。

苏力:《法治及其本土资源》,中国政法大学出版社 1996 年版。

苏力:《送法下乡》,中国政法大学出版社 2000 年版。

王人博:《法的中国性》,广西师范大学出版社 2014 年版。

王人博:《中国的近代性:1840—1919》,广西师范大学出版社 2015 年版。

吴飞:《自杀作为中国问题》,生活·读书·新知三联书店 2007 年版。

应星:《大河移民上访的故事》,生活·读书·新知三联书店 2001 年版。

张伟仁:《磨镜:法学教育论文集》,清华大学出版社 2012 年版。

章永乐:《旧邦新造:1911—1917》,北京大学出版社 2011 年版。

章永乐:《万国竞争:康有为与维也纳体系的衰变》,商务印书馆 2017 年版。

赵旭东:《法律与文化:法律人类学研究与中国经验》,北京大学出版社 2011 年版。

赵旭东:《权力与公正:乡土社会的纠纷解决与权威多元》,天津古籍出版社2003年版。

郑永流:《转型中国的实践法律观:法社会学论集》,中国法制出版社2009年版。

周雪光:《中国国家治理的制度逻辑:一个组织学研究》,生活·读书·新知三联书店2017年版。

〔德〕哈贝马斯:《在事实与规范之间:关于法律和民主法治国的商谈理论》,童世骏译,生活·读书·新知三联书店2003年版。

〔德〕卡尔·拉伦茨:《法学方法论》,陈爱娥译,商务印书馆2003年版。

〔德〕卢曼:《法社会学》,宾凯、赵春燕译,上海人民出版社2013年版。

〔德〕罗伯特·阿列克西:《法律论证理论》,舒国滢译,中国法制出版社2002年版。

〔德〕齐美尔:《社会是如何可能的:齐美尔社会学文选》,林荣远编译,广西师范大学出版社2002年版。

〔德〕齐美尔:《社会学:关于社会化形式的研究》,林荣远译,华夏出版社2002年版。

〔德〕韦伯:《法律社会学》,康乐、简惠美译,广西师范大学出版社2005年版。

〔德〕韦伯:《新教伦理与资本主义精神》,康乐、简惠美译,广西师范大学出版社2007年版。

〔德〕韦伯:《支配社会学》,康乐、简惠美译,广西师范大学出版社2004年版。

〔古希腊〕柏拉图:《理想国》,郭斌和、张竹明译,商务印书馆1986年版。

〔古希腊〕亚里士多德:《政治学》,吴寿彭译,商务印书馆1983年版。

〔美〕贝塔朗菲:《一般系统论:基础、发展和应用》,林康义、魏宏森译,清华大学出版社1987年版。

〔美〕德沃金:《认真对待权利》,信春鹰、吴玉章译,中国大百科全书出版社1998年版。

〔美〕亨利·J. 亚伯拉罕:《法官与总统》,刘泰星译,商务印书馆1990年版。

〔美〕亨利·J. 亚伯拉罕:《司法的过程》,泮伟江、韩阳、宦胜奎译,北京大学出版社2009年版。

〔美〕霍贝尔:《原始人的法》,严存生等译,法律出版社2006年版。

〔美〕霍尔姆斯、桑斯坦:《权利的成本:为什么自由依赖于税》,毕竞悦译,北京大学出版社2004年版。

〔美〕吉尔兹:《地方性知识:阐释人类学论文集》,王海龙、张家瑄译,中央编译出版社2000年版。

〔美〕卡拉布雷西:《制定法时代的普通法》,周林刚等译,北京大学出版社2006年版。

〔美〕理查德·罗蒂:《后形而上学希望:新实用主义社会、政治和法律哲学》,张国清译,上海译文出版社2003年版。

〔美〕诺内特:《转变中的法律与社会:迈向回应型法》,张志铭译,中国政法大学出版社1994年版。

〔美〕帕森斯:《社会行动的结构》,张明德、夏翼南、彭刚译,译林出版社2003年版。

〔美〕伊利:《民主与不信任:关于司法审查的理论》,朱中一、顾运译,法律出版社2003年版。

〔美〕詹姆斯·弗农:《远方的陌生人:英国是如何成为现代国家的》,张祝馨译,商务印书馆2017年版。

〔意〕伽利略:《关于两门新科学的对谈》,戈革译,北京大学出版社2015年版。

〔英〕昂格尔:《现代社会中的法律》,吴玉章、周汉华译,中国政法大学出版社1994年版。

〔英〕奥斯汀:《法理学的范围》,刘星译,中国法制出版社2002年版。

〔英〕鲍曼:《后现代性及其缺憾》,郇建立、李静韬译,学林出版社2002年版。

〔英〕鲍曼:《现代性与矛盾性》,邵迎生译,商务印书馆 2003 年版。

〔英〕哈特:《法律的概念》,许家馨、李冠宜译,法律出版社 2006 年版。

〔英〕洛克:《政府论》(下篇),叶启芳、瞿菊农译,商务印书馆 1996 年版。

Armin Nassehi, *Differenzierungsfolgen: Beiträge zur Soziologie der Moderne*, VS Verlag für Sozialwissenschaften, 1999.

G. Spencer-Brown, *Laws of Form*, Cognizer Co, 1994.

Gerald J. Postema, *Bentham and the Common Law Tradition*, Clarendon Press, 1986.

Harold Adams Innis, *A History of the Canadian Pacific Railway*, HardPress Publishing, 2012.

Henry Abraham, *Justices, Presidents, and Senators: A History of the U.S. Supreme Court Appointments from Washington to Clinton*, Rowman & Littlefield, 1999.

Jürgen Habermas, Niklas Luhmann, *Theorie der Gesellschaft oder Sozialtechnologie—Was Leistet die Systemforschung?*, Suhrkamp Verlag, 1971.

Niklas Luhmann, *Archimedes und wir*, Merve Verlag, 1987.

Niklas Luhmann, *Das Recht der Gesellschaft*, Suhrkamp Verlag, 1995.

Niklas Luhmann, *Die Gesellschaft der Gesellschaft*, Suhrkamp Verlag, 1998.

Niklas Luhmann, *Soziale Systeme: Grundriß einer allgemeinen Theorie*, Suhrkamp Verlag, 1984.

Rudolf Stichweh, *Der Fremde: Studien zu Soziologie und Sozialgeschichte*, Suhrkamp Verlag, 2010.

W. Ross Ashby, *An Introduction to Cybernetics*, Chapman & Hall Ltd., 1956.

后记

收集在这个集子中的多数文章,都是我最近十年因各种机缘而写作的短文。十年的人生一挥而就,转眼已成为过去。于我而言,这本集子既是对过去十多年思考探索的一种总结,同时也是对过去的一种告别。少年时代读苏东坡《江城子·密州出猎》,既为词中"酒酣胸胆尚开张"的那种豪情所感染,同时也疑惑,为何年方四十,正当壮年的苏东坡,竟然自称"老夫",并有"聊发少年狂"的感慨。如今自己也是年届四十,看着自己这十多年探索所留下的这些稀疏的足迹,突然也产生了类似的心情。事实上,这本集子的文章还是经过了筛选的。过去写的一些过长的文章,或者比较具有情绪化的文字,都没有被选入这个集子。被选入本书的文字,基本上还是相对比较偏重学术和思想探讨,相对比较冷静的一些文章。但即便如此,将这些文字汇编在一起进行重读时,我仍然感受到了某种已然逐渐零落的青春气息。我知道,在未来的时光中,本书中的有些文字,我既不会再写,也写不出类似的文字了。

孔夫子尝言:"三十而立,四十不惑。"这大概是说,对于有志于学问的人来说,到三十岁左右,差不多已经经受了比较严格的学术训练,可以开始独立探索学问了。而到了四十岁左右的时候,此种探索期差不多应该可以结束了,从此以后,应该选定自己学问的志趣与方向,进行比较集中和密集的系统研究和产出了。所谓的"不惑",其实不过是对过去十多年探索予以评判后的一种相对比较清醒的自我认识和选择。带着此种心情再次回望过去,则过去的所有思考和努力,其实都是"少年狂"。而此种少年狂,既是艰难困苦的煎熬,同时也是人生中特别宝贵的一种"特权"。而到了不惑之年以后,则只能偶尔"聊发少年狂"地奢侈一番,多数时候都是平静而默默地按照既定的方向进行耕耘。

在此意义上,本书的出版,对我个人而言,颇具特殊的意义。一方面,它记载了我从事学术研究以来艰难探索的足迹。既然是探索,当然有其不太成熟的一面,但同时也意味着,相对于成熟度更高的专业文章,它也保存了探索和思考过程中更具新鲜感的问题意识及其形成时期的那种语境和场景。我很庆幸,在我的学术经历中,此种探索期维持地足够长,以至于到今天,我才有一种真正具有自觉性的系统学术研究可以开始了的感觉。这已经是一位学者的幸运。虽然那些三十多岁时就已经形成了更成熟的学术自觉,并早已经形成丰硕产出的学者令人羡慕,但也有人或者受到了各种名利的诱惑,或者因生存环境过于艰难,而过早地结束了此种自由探索,偏离了学术研究的主战场,因此失去了继续选择学术研究的机会与可能性。就此而言,我既感谢过去十多年的艰难,同时也感激许多师友的支持,使得我过去这十多年的探索不至于过于艰难。

本书虽然体裁和形式相对灵活,主要由各种随笔、书评、杂文组成,但本书呈现出来的并非作者在学术思考之外的某种个人美学感受和文人趣味的表达。它更多呈现的是笔者在过去十多年更为原生态的思想和精神的探索。虽然这些文章主题、内容和风格各异,观察和言说的语境也各不相同,但它们又确实呈现出了某种共同的关怀和"固执"。它们几乎无一例外地表达了笔者在面对和处理当代中国的各种现实问题时所作的一种理论思考和努力,即如何寻找合适的概念和工具,来帮助我们观察中国人当下的生存处境,表达我们身处此种丰富而复杂的生存处境之中的生活感受。用"转型时代"来描述我们当下的这种生存处境,其实并不确切。因为"转型"这个概念总是暗示着某种"确切可见之未来"的可能性。而我们当下真实的生存处境,可能更多地与"未来的不确定性和难以预见性"有关。这是一个不断涌现出各种新的经验可能性的时代。所以,在过去的这十多年中,我特别敏感的是,既有的各种概念和工具,在观察和处理正不断涌现出来的这些新现象和新经验的可能性与限度。有时候,我们发现,在新经验的映照下,旧概念的真实含义反而被擦亮,从而更真实地显现出来,令我们感叹古人的智慧与经验的伟大。有时候我们则发现,各种旧概念和旧工具失去了我们所熟悉的含义,并在新的语境下获得了全新的含义。当然,更多的时候,我们也不难发现旧概念和旧工具在新事物面前不敷应对、左右支绌的窘境。这一切都表明了问题本身的复杂性。整体来说,我感觉这是一切确定不移的要素与要素之间的关系都正在被重新审视与评估的时代,在这个时代中,有一些旧要素正在消失不见,许多久已消失的旧要素却不断重新涌现,各种新要素的涌现层出不穷,要素以及要素之间关系的价值不断地被重新评估。这是一个复杂性不断增强的时代。

生活在这样一个复杂性和不确定性日益增强的时代,是学者的最大幸运。同时,它也容易导致不断增强的不安感和焦虑感,带来各种各样的迷失。能够通过十多年的探索领悟这个道理,并从各个方面为这些问题的探索做出一些准备,是我这十多年探索的最大收获。在此,我特别感谢在这十多年时间里给予我的探索以鼓励、刺激、启发、帮助、支持的所有师友。同时,我也要特别感谢我的家人，尤其是我的妻子，他们为我的学术研究与探索做出的牺牲和支持，使得我在过去这些年能够相对比较自由地在学术和思想的天地中遨游。

本书的出版，受北京航空航天大学基本科研业务费"新时代超大规模陌生人社会治理中法治化问题研究"（批准号：YWF-19-BJ-G-13）的支持，在此表示感谢。本书所收集的多数作品，都曾经发表在不同的报纸或刊物上，因此，笔者也特别感谢当年合作的报刊及编辑的邀请、催促、惠正，以及同意将这些文章汇集在一起出版，尤其要感谢如下这些报纸和刊物：《读书》《文汇读书周报》《法治周末》《财经》《社会科学报》《环球法律评论》《现代法学》《行政法论丛》《民主与科学》《新京报》《大观》《人大法律评论》《京师文化评论》等。也感谢商务印书馆和白中林兄的信任，本书能够在商务印书馆出版，是我的荣幸。周林刚兄慷慨应允为本书作序，令本书增色不少；如果没有本书责任编辑王静女士严肃和出色的工作，本书不可能达到如此之水准，在此也一并对二位表示感谢。